小学生主动学习关键培养

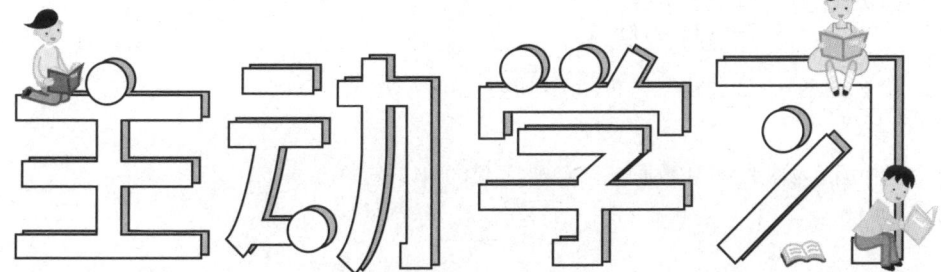

木 紫

著

中国妇女出版社

版权所有·侵权必究

图书在版编目（CIP）数据

小学生主动学习关键培养 / 木紫著. -- 北京 ：中国妇女出版社，2022.8
　　ISBN 978-7-5127-2111-1

　　Ⅰ.①小… Ⅱ.①木… Ⅲ.①小学生-学习方法 Ⅳ.①G622.46

　　中国版本图书馆CIP数据核字（2022）第008413号

责任编辑：闫丽春
责任印制：李志国

出版发行：中国妇女出版社
地　　址：北京市东城区史家胡同甲24号　邮政编码：100010
电　　话：（010）65133160（发行部）　65133161（邮购）
邮　　箱：zgfncbs@womenbooks.cn
法律顾问：北京市道可特律师事务所
经　　销：各地新华书店
印　　刷：北京中科印刷有限公司

开　　本：170mm×240mm　1/16
印　　张：14.25
字　　数：159千字
版　　次：2022年8月第1版　2022年8月第1次印刷
定　　价：49.80元

如有印装错误，请与发行部联系

　　小学阶段是孩子习得科学文化知识、提升道德素质、体验自身价值、获得人格发展、形成个性、发展潜能……的关键时期。这些正向、积极的发展，不仅能促进孩子的身心健康发展，而且对孩子的一生有着深远的影响。如何让孩子顺利地度过小学生活，各方面都获得全面的发展？主动学习是一个关键。

　　主动学习指的是为推动学习而承担责任、制订计划并着手实施的一种积极的学习状态。主动学习的孩子能够获得较为满意的学习体验，并因此而建立成就感，形成负责、勇敢、自信、自觉、自控等优秀品质。

　　为什么主动学习能够全面地促使孩子积极发展呢？

1. 主动学习有助于建立积极的自我概念

　　主动学习有助于建立积极的自我概念，使得个体对自身的观念、感受、态度和期望等是努力的、向上的、正能量的。

自我概念是关于自我的看法，是随着孩子的成长，经过不断的自我认识、自我评价而产生的，影响着个体的心理发展和社会化。

主动学习的孩子，在学习上的表现是努力、向上的，他们拥有极强的学习动力，能够调节自身的行为去适应学习，所以拥有更多的获取好成绩的机会，能够在学业中获取积极的评价。他们的自我概念较积极，感受到的自我价值更高，这些都能促使他们更加积极地参与学习和社会活动。

小学生的自我概念更多地与学校和学业有关。研究显示，自我价值感高的孩子容易选择更有挑战性的学习任务，他们不怕失败，不会因为怕失败而选择相对较容易的学习任务。

如果孩子建立了积极的自我概念，当因为没有写作业而被父母批评时就会自省，向着按时完成作业的标准看齐。当孩子因为有了好的行为表现而从社会上获得的是赞许和肯定的时候，就会强化正向行为，努力做得更好，并在此基础上养成更多优秀的品质。

自我概念引导人们选择具有最大成功可能性和最高奖励的生活方式与行为，指导人们从事社会认可的活动，寻求社会地位。

2. 主动学习的孩子自我控制力更强

自我控制是指个体对自身的心理与行为的主动掌握，是个体自觉地选择目标，在没有外部限制的情况下，克服困难，排除干扰，采取某种方式控制自己的行为，从而保证目标的实现。主动学习的孩子对学习往往有着高度的热情，他们在学习中表现出的自我控制力很强。

培养孩子主动学习，就如同在孩子心中装了一台发动机、一盏警示灯、一个提醒器，让孩子能够自己督促自己学习。

3. 主动学习能提升孩子的人生高度

柏拉图说，一个人的欲望在一个方面强时，在其他方面就会弱，这完全像水被引导着流向一个地方一样。他还说，当一个人的欲望被引导流向知识及任何这类事情上去时，他就会参与自身心灵的快乐，而不去注意肉体的快乐。

培养孩子主动学习的品质，让孩子热爱学习，在学习上不断挑战自己，提升的不光是孩子的学习成绩，还有他们的人生高度。

著名心理学家格维尔茨做过一个实验。将学习材料设置为几类难度不等的问题，由学生们自由地选择问题来解决。在实验中，他发现能力较强的学生，在解决了一类问题中的一个之后，便不愿意再解决另一个相似的问题，会转而挑战较为复杂、艰难的问题，兴趣浓厚地探索新的解决方法。可见孩子的乐趣不仅来自从相对容易的任务中获得的成功，还来自通过自身努力克服困难达到成功后获得的满足的感觉。

一个孩子学习能力越强，对自己的要求往往也越高，这就是所谓的"越战越勇"。在学习上，孩子们受内驱力驱动和成功动机的驱使，总是想着往高处攀登。正所谓"今天永远是明天的基石"，通过今天的努力，孩子们得到的不光是学业上的成功，还有心理品质和人生高度的提升。

第 1 章
要想孩子主动学习，学习动机是根源性内因

孩子学习动机强，学习就更主动 / 003

学习是对学习最好的鼓励：操作性条件反射 / 007

主动学习更能满足小学生的心理成长需要 / 011

孩子成绩不理想时，不伤害孩子的学习动机 / 015

激发孩子更强的学习动机：动机的归因理论 / 018

掌握越学越爱学的脑机制 / 022

推动孩子进入主动学习的高境界：心流 / 025

第 2 章
遵从学习的心理机制，有效推动孩子主动学习

推动孩子做自我调节 / 031

孩子天生爱学习 / 034

目标定向：不做误导孩子的三种家长 / 038

用玩强化学习，让满足感翻倍，孩子更爱学习 / 041

关注要适度：父母不能以孩子的学习为轴心 / 044

鼓励，为孩子树立自我管理的标杆 / 048

听话的内向孩子需要助力 / 051

调皮的外向孩子渴望体谅 / 054

第 3 章
好行为、好品质：让日常学习行为趋于主动

课堂上一定要求孩子回答问题吗 / 059

预防孩子厌学、逃学 / 063

尊重个性：孩子有不同的学习路径 / 068

预习是学习主动性的起点 / 073

愿意、敢于讨论所学知识 / 076

记忆上的自信源于对的记忆方法 / 079

电子屏幕太"霸道"，会消磨孩子的学习意志 / 083

主动避免记忆的"舌尖现象" / 086

第 4 章
利用写作业培养孩子的学习主动性

如何杜绝孩子写作业时玩电子产品 / 091

敢于挑战复杂题目的勇气从哪里来 / 095

能确定作业的优先顺序 / 099

改变作业写得慢，不急不催巧强化 / 103

为什么反复练习还会出错 / 106

不给孩子拖延的机会 / 109

面对难题，努力的过程就是收获 / 114

帮助孩子进入正迁移的良性循环 / 118

第 5 章
尊重孩子的自主性，提高自我管理能力

父母的高分期待会伤害孩子的学习热情 / 123

被父母关心，是"后进生"自我管理的动力 / 127

自我管理能力进阶：学会管理时间 / 131

养成制订计划的习惯 / 135

自信让孩子获得更多自我管理的成功经验 / 138

养成自觉阅读的习惯 / 141

用多样的"习作"推动孩子学习 / 145

给孩子提要求：让错过的内容不再出错 / 148

第 6 章
做好德育，规范孩子主动的界线

从小事中培养孩子的责任心 / 153

培养同情心，让孩子的内心更柔软 / 157

孝顺的孩子更容易听从父母的教导 / 160

懂得换位思考：去自我中心化 / 163

鼓励孩子的亲社会行为 / 166

诚实待人：父母要避开谎言背后的错误操作 / 169

第 7 章
提高情商：好情绪促使孩子主动学习

情绪对学习的影响很大 / 175

学习过程中的积极情绪从哪来 / 178

有意识培养孩子的情绪控制能力 / 181

自豪感能推动孩子学习，战胜学习困难 / 184

孩子成绩不理想，父母不要引发其负性情绪 / 187

培养孩子应对压力的能力 / 190

乐观是积极主动学习的风向标 / 194

学会尊重，避免出口伤人 / 197

第 8 章
促成好行为，形成好品质，让学习更主动

鼓励孩子独立面对交往中的负性事件 / 203

100 支铅笔的诱惑源于哪里 / 206

避免懒惰：抓住培养勤奋品质的关键期 / 209

拥有共同进步的心态，不会被边缘化 / 213

参考文献 / 217

第 1 章

要想孩子主动学习，学习动机是根源性内因

主动既是一种外显的、积极的行为表现，也是一种硬核的内在人格特质，对孩子形成良好的学习态度，养成学习兴趣、学习习惯都具有重要意义。

孩子学习动机强,学习就更主动

当一名小学生迫切地要背诵一首诗的时候,其他事情,如吃饭、玩游戏、喝水都变得不重要了,因为脑子里的任务和目标,推着他去实现,此时背起诗来效率非常高。其间,假如有人打扰他,他可能会不高兴,甚至会觉得很烦躁。

当人的学习行为被外界干扰的时候,为什么会有不良的情绪体验呢?原因就在于外界的行为破坏了他第一时间完成任务的期待,他需要保持积极的行动去实现自我价值感。孩子之所以会有这样的表现,就在于他有着很强的学习动机,他觉得外界的行为阻止了他实现目标。

动机是由目标或对象引导的,激发和维持个体活动的一种内在心理过程或内部动力。学习动机是指引发与维持学生的学习行为,并使之指向一定学业目标的一种动力倾向。

动机可以用来解释个体行为发生的原因。在个体进行某项活动的过程中，动机能够提供动力，还能调节行为的方向，为活动的正确实施"保驾护航"。当学生对于某些知识或技能产生迫切的学习需要时，就会产生学习内驱力，唤起内部激动状态，产生焦急、渴求等心理体验，从而激发出一定的学习行为。这充分说明，爱学习的孩子会越学越有劲头，从而会越来越把学习放在第一位，可以为了学习放弃玩耍，甚至不眠不休。

那些总是期待掌握更多的知识、获取更好的成绩、学习动机更强的孩子，成绩往往更加优秀。学习动机以学习需要和学习期待为出发点，能让学习行为在初始状态就指向一定的学习目标，并推动孩子为达到这一目标而努力学习。孩子能在长时间的学习活动中保持认真的态度，有坚持把学习任务胜利完成的毅力，就是学习动机在发挥作用。

父母都希望孩子有学习目标、热爱学习，那么，在孩子还不懂得如何设置学习目标、还不能管住自己、学习的责任感还不够强的时候，需要父母采用一些小技巧去引导、激发、维持孩子的学习行为，推动他们成为主动学习者。

1. 用学习目标引导孩子

给孩子制定一个合理的目标，在追求目标的过程中，孩子就会明确当前状况和要达成的理想状况以及两者之间的差距，紧迫感会油然而生。家长教会孩子制定目标、对孩子提示学习任务，孩子就会感受到任务的艰巨性和紧迫性，并开足马力去学习。而且，随着孩子不断长大，随着对学习这件事情的认知越来越清晰，他们的目标感、责任感也会越来越强烈。

就拿写作业来说，起初，即使孩子有热情也不一定能长久地保持，此时需要父母给他们套个"金箍"限制一下,孩子慢慢地就会明白,作业需要第一时间完成。从孩子第一天上学起,父母就要争取孩子的意见,制订规则,即在固定的时间写作业,可以是在回到家半小时后,也可以是回到家就开始写,或者到家一小时后,最好不要再延后,完成作业后,就可以自由玩耍了。此时,玩耍对孩子来讲就是一种鼓励,写完作业的快乐和玩耍的快乐对已经制订的规则来讲是一种很好的强化,被强化的次数多了,孩子也就变得主动了。

一段时间后,当由作业引导、激发和维持学习活动的内在心理过程或内部动力建立起来后,孩子就不会忘记写作业这件事了。

同时,随着学习能力的提升,孩子的学习目标也会升级,他们的自我要求也就自然提高了,他们会跨越"完成作业"这样的小目标,晋级到一些大目标,比如,"我要成为好学生""我每门功课都要考到90分以上""我要学好英语""我要达到能用英语对话的程度""我每周要画一幅画"等。目标越高,心理动力越强,学习品质提升得越快。

2. 不断强化孩子的学习行为

内部动机是指当一个人追求个人兴趣和能力提升时所产生的一种寻求并克服挑战的本能倾向;外部动机是指当一个人做一件事情的时候,并不是对这件事情本身感兴趣,而是为了获得奖励、避免惩罚等原因才去做。

我们都期待孩子在学习上拥有较强的内部动机,但是,对于刚入学的孩子来说,如果父母适当使用一些鼓励或者惩罚的方法,使得孩子因为拥有了外部动机而把学习搞好,因此体验到满足感也能增强其内部动机。当孩子在学习上表现得很主动的时候，父母可以适当地给予物质或精神的鼓励，以强化孩子的主动行为；当孩子在学习上表现较差的时候，可以选择剥夺他的某项权利或让他接受一些惩罚。孩子在权衡利弊后，为了避免惩罚，就会努力学习，在这个过程中，学习动机也会有所增强。

在学习过程中，孩子难免会贪玩。俗话说，行百里者半九十。当孩子做作业的时候，即使快完成了，如果他要求放下不做，或者想玩一会儿再做，父母也不要答应。让孩子一气呵成地完成任务，才能增强学习动机。因为玩着玩着心就散了，当孩子想玩的时候，父母不能妥协，要让孩子坚持学完。孩子坚持完成学习的过程就是增强学习动机的过程，较强的学习动机就是在经历无数次的积累后形成的。

有时，孩子一哭一闹一撒娇，父母就妥协了。父母觉得让孩子玩一会儿再写作业也一样。但是，从更高效养育的角度来讲，如果能一口气写完，这项任务本身就是在对孩子做强化。

学习是对学习最好的奖励：操作性条件反射

有一个孩子各方面都很优秀，大家都很羡慕他的父母。这个孩子非常让父母省心，写作业、学习从来不让父母操心，完全是自动自发的学习状态。哪像自家孩子，让父母操碎了心，成绩一直上不去。

其实，他的父母并非对他的学习放任不管，而是努力培养他的学习自主性，尽可能地让孩子感受到努力学习后获得的快乐。

实际上，对这个孩子来讲，学习的乐趣、学习的成功体验已成了学习的内在动力，推动着他更热爱学习，更积极地参与到学习行为中去。

20世纪30年代后期，新行为主义心理学家斯金纳曾做过这样一个实验。斯金纳在一个箱子里装了一个操纵杆，操纵杆与另一个提供食丸的装置相连接。在这个实验里，被试对象是小白鼠。斯金纳把饥饿的小白鼠放在箱子里，他观察到：当小白鼠偶然踏上操纵杆后，供丸装置自动落下了一粒食丸。小白鼠经过几次尝试后发现，按压操纵杆就会有食物出现，于是，它不断地按压操纵杆，直到吃饱为止。在这个过程中，小白鼠学会了用按压操纵杆的方法取得食物，按压操纵杆变成了取得食物的手段或者工具。

斯金纳认为存在两种类型的学习：一类是应答性反应，与经典性条件作用类似，即由已知的刺激引起的反应；另一类是操作性反应，它不是由刺激情境引发的，而是有机体的自发行为。当这些行为受到强化而成为特定情境中随意的或者有目的的操作后，人们就会主动操作，再作用于环境，以达到对环境的有效适应。

在斯金纳箱实验中，小白鼠在一开始并无意去按压操纵杆，但在不断地得到吃到食物的强化后，它按压操纵杆的速度与频率越来越快、越来越高，直至最后一进入箱子就去按压操纵杆，这就是操作性反应。

在操作性反应中，有机体知道自己的行动与外界刺激的关系，从而通过操作环境或改变环境以满足自己的需要。同理，如果孩子在学习过程中也懂得了不断地探索就能掌握更多知识，掌握的知识越多学习越轻松、越有乐趣，就能在头脑中形成各种积极的价值观。比如，努力学习能获取知识和能力、努力学习能让自己获得成就等。

学习是对学习最好的奖励。在现实生活中，父母如果想支持孩子，除了送孩子进入学校，培养阅读习惯，带领孩子参加展览外，还要注意什么呢？

1. 支持孩子的破坏性学习

老年人经常说，淘气的孩子才聪明，别怕孩子淘气，这么说有道理吗？当然有，因为孩子淘气也是一个学习的过程，既增长知识又增长能力。

孩子一出生就开启了成长之路。美国科学家利用"正电子发射计算机体层摄影技术"（一种开创性探测人体生化过程的技术）对宝宝大脑发育进行扫描观察后发现，孩子在出生之后，由于视、听、触觉接受了大量的信号刺激，脑神经细胞之间建立联系的速度非常快，产生大量的神经元和突触，再接受到人类可能经历到的各种的感觉和动作刺激，促使其再发育。

从小宝宝的那种几乎是带有全景吸收式的学习到不断长大过程中依据个人兴趣而引发的学习，孩子受自身能力发展所限，对外界的掌控与把握不足，会出现破坏性行为，比如，弄坏杯子、涂脏沙发、扯坏帽子、拆坏电脑、鼓捣手机等。

很多发明往往是从破坏开始的。所以，父母要认识到，孩子的一些看似破坏性的行为其实是在探索，而探索就是学习，对孩子理解和应用知识具有促进作用。

2. 支持孩子应用所学知识

学习，不仅需要习得知识，还要获得能力。上学以后，孩子的学习主要来自校园，他们在学校里学习文化、交往、道德等各方面的知识，提升个人素质。不论是哪一种学习，都不仅仅是听老师讲、看书、背书就算完成了，还需要把知识转化成技能。

举个例子，孩子学习了将陈述句转换成疑问句的规则，但这只是程序性知识（是关于"怎么做"的知识，如怎样进行推理、决策或解决某类问题等），如果孩子能够把几个陈述句准确地转换成疑问句，这个孩子才算掌握了将陈述句转换成疑问句的技能。

任何学习都需要一个把知识转换成技能的过程。在这个过程中，孩子需要进行有效的练习，应用所掌握的知识，再在练习的过程中加深对概念的理解、对规则的认识，其间，需要大人的指导和提示，并帮助其纠正错误。当孩子掌握了知识后，在应用的过程中会体会到成就感，这份成就感能促使孩子更加勤于学习。

主动学习更能满足小学生的心理成长需要

培养孩子的主动学习意识,能让孩子获益一生。父母要抓住小学阶段这个孩子学习刚刚起步、学习品质塑造的关键期。

对孩子来说,放学后不看电视、不玩游戏,专心写作业,很锻炼其自我控制能力。当作业完成以后,如果问他:"你是不是感觉很开心啊?"他一定会点点头。对孩子来讲,完成作业就相当于一项工程竣工了,看着自己的劳动成果,会特别有满足感。在这个过程中,孩子抵抗住了电视的诱惑,通过努力思考解答出了每一道题,写完作业对照答案检查发现题全做对了……这种美好的感觉,会让孩子产生对写作业的喜爱。这样的感觉多了,就会让孩子爱上写作业。

对于一个有主动学习意识的孩子来讲,即使在休闲时间,他对学习这件事仍有责任感,他会觉得自己要好好学习,才能好好长大,才能有知识、有文化。为了完成学习任务,时间紧张时,他会制订学习计划,并努力去实施。至于爱玩的天性，他一定会在学习结束后才选择去满足。

好的行为会把孩子引导到正确的方向，驱动他更加积极主动地寻求更高级的人生目标。

那么，在孩子学习的道路上，尤其在小学阶段，父母如何助力才能让孩子成为一个主动学习的人呢？

自我决定理论认为，自我决定是一种关于经验选择的潜能，是个体在充分认识到个人需要和环境信息的基础上，对自己的行动作出自由的选择。每个人都有各种心理需要，包括与外界事物互动时感觉有能力、足以胜任，对自己的生活拥有控制和选择权，与他人交流并从属于某个社会群体等。小学生正处于自我概念建立的关键期，他们更渴望有良好的表现，以获得胜任感、归属感、自我价值感。这样的感觉对孩子的行为具有很强的激励作用，能使孩子对自己充满信心，继而努力实现自身价值。

父母要正视孩子的这些需要，在孩子学习的过程中，要让孩子拥有满意的学习体验，建立成就感、力量感和人际归属感。

1. 成就感

成就感指一个人在做完一件事情或者正在做一件事情时，能感到愉快或产生成功的感觉，这是一种现实与愿望达到平衡而产生的成长和突破的心理感受。在学习上，这样的感觉很容易达成，孩子努力学习了，学会了知识，内心就会有成就感，成就感会激励孩子更加努力地学习。对于入学之初还没有充分领略学习魅力或者学习成绩还不是很优秀的孩子，更需要父母推动着去获取更多的成功。

2. 力量感

力量感指一个人懂得自己的能力和需要，能够支配自己的生活，并为自己的行为负责。想培养孩子的力量感，需要父母采用民主型教养方式，给予孩子更多的爱和自由，对孩子的控制坚定而合理，使孩子养成独立、乐观、自信的性格，能够自己做主。日常生活中，父母和老师应注重提供信息，让孩子自己做决定，这样孩子的力量感才会很强。

3. 人际归属感

人际归属感指孩子和父母、老师建立的亲密情感连接，这能满足他们的依恋需要。这让孩子能够从属于某个群体，与群体里的成员和谐相处，并从中获得归属感。比如，在校园里孩子能和老师、同学相处得很好，即使发生矛盾也能处理得很好，能被同伴信任；父母支持孩子与同学交往，并帮助孩子解决交往中遇到的难题，鼓励孩子和同学一起学习等。

以学习为主题的同学之间的交流，既兼顾了学习，也促进了友谊的发展。"头脑风暴法"就是一种集体开发创造性思维的方法，其特点是让参与者思维互补、相互激发、敞开思路，人们在自由愉快的氛围中畅所欲言，使各种设想在相互碰撞中激起创造性"风暴"。

比如，学英语时，让孩子和同伴一起学，在认真默背所学的英语单词、句子、课文后默写，写完后让孩子们交换批改，互相找出错误。经过背诵、默写、批改后，孩子会对容易出错的地方提高警惕，也可提升记忆力。批改的过程中，会产生许多讨论，这个过程不但能提升孩子对知识点的认识和理解，还能让孩子发现自身在学习上的不足，改善薄弱环节，催生出更好的学习方法和学习习惯。

4. 处理好负面事件的影响

那些让人感到悲伤的事情，孩子会不敢靠近。能力较差的学生，如果经过极大的努力仍然无法成功，失败经验累积的次数过多之后，往往让孩子感到失望、灰心，从而厌弃学习。这就是努力后的失败效应。

为了避免孩子对学习产生厌烦情绪，父母要避免在孩子学习的时候发脾气、数落孩子，挑孩子作业中出现的错误。为孩子设置学习目标的时候，要根据孩子的实际情况，尽量让孩子"跳一跳就能摘到果子"，减少学习中的挫败感。

孩子成绩不理想时，不伤害孩子的学习动机

当孩子学不会，或者成绩不理想的时候，最难过的是谁呢？一定是孩子。即使孩子看上去很平静，也不要以为他们不难过，更不要认为孩子不想学好。要想燃起孩子学习的热情，父母需要伸出援助之手，帮助他们走出短暂的不如意，而不是一味地挑剔、指责。那么，面对成绩不理想的孩子，大人该怎么做呢？

1. 给孩子以有效帮助

当孩子在学习上经历几次失败后，如果没有获得鼓励，有时还被指责，孩子就可能对学习失去信心。事实上，孩子并不像他们自己认为的那样，在学习上毫无希望。

一个孩子在经历过多次失败后，在认知、情感和行为上都会表现出消

极的心理状态，甚至会形成"自我无能"的认知。当孩子努力去避免失败的时候，其学习动机就可能变成避免失败、保住面子，而不是掌握知识，过多的失败会使孩子慢慢开始放弃。这种影响一旦形成就很难逆转。

为了避免孩子在学习上变得无助，父母要帮助孩子改变当下的学习状态，使得他们真正学进去，并掌握所学知识，这样他们才不会觉得自己缺乏学习的能力。

小学阶段，孩子所学的知识并不是很难，大部分知识都能够靠"下功夫""反复练习"而掌握。在这个过程中，孩子不但能够掌握所学知识，还能够提升学习能力，从而充满信心地继续学习。

2. 不要惩罚孩子

当孩子学习成绩不好的时候，最难过的是他们自己，然后才是父母。孩子伤心的时候在想什么？他们会想："我怎么才考了这么少的分数？""老师还会喜欢我吗？""爸爸妈妈会生气吗？"……他们会不会想："我怎么这么笨？""我怎么这么不争气？"……

此时，孩子最怕的是被父母惩罚，最期待的是父母的接纳。父母要让孩子觉得，他们是孩子学习的支持者，会帮助孩子改变当下的状况，不能训斥孩子。

父母训斥孩子就意味着否定了孩子的感觉，孩子真实的情感一旦被否定，可能就真的再也提不起学习的劲头了。

当然，改变孩子的学习状态并不是一天两天的事情，要经过阶段性的改进和长期观察后才能实现。父母要真正走进孩子的内心，采用适合孩子的方法去引导。

3. 谈知识，不谈分数

即使孩子因为考了较低的分数而难过，父母也不要在孩子面前强调分数，而应谈论知识。如："儿子，这道题错了，说明这部分知识你还没有掌握牢固。来，我们一起学习，看看你哪里理解得不对。""这是课本上的知识，来，我们一起复习一下！"当孩子在父母的帮助下学会了那些还没有掌握的知识后，就拥有了掌握知识的满足感，会觉得自己能行，对于学习这件事情就有了较强的掌控感，就会更愿意努力去学习。

激发孩子更强的学习动机：动机的归因理论

孩子做题出现错误或者成绩不理想时，他们是怎么想的呢？他们的语言代表了他们的心声，听听他们怎么说的。有的孩子会说："题目太难了，比复习时做的难多了，我不会做。"有的孩子会说："我感冒了，好几天没上课，没复习好。"有的孩子会说："我这么笨，不会做。"有的孩子会说："其实题目并不难，但是我不够努力，以后我要好好复习，把不会做的题目做对，下次一定好好努力。"……

不同孩子对成绩不理想的原因的认知代表了他们对学习这件事的认知。对于孩子来说，学习与其他事情一样，有的孩子学得好、有的学得不好，无论孩子当下的学习好还是不好，他们对导致当下成绩的因素会有自己的解释、判断和辩解，这在心理学上叫作归因。

美国心理学家韦纳研究发现，当孩子为自己学习的成功或者失败寻找原因的时候，能力、努力、任务难度和运气是四种主要原因，此外，还有身心状况及其他原因。韦纳认为，当个人将成功归因于能力和努力等内部可控因素时，会感到骄傲、满意、信心十足；当将成功归因于任务的容易和运气好等不可控的外部原因时，产生的满意感则较少。相反，如果一个人将失败归因于缺少能力或努力，则会产生羞愧和内疚，而将失败归因于任务太难或运气不好时，产生的羞愧感则较少。当孩子将学习效果归因于努力程度时，无论成功或者失败都会产生更强烈的情绪体验，对学习的激发作用更强烈。

受此启发，父母应该引导孩子把学习的成功或失败归因于自身的努力，即足够努力就会获得好成绩，不够努力，成绩就会不理想。

当然，如果父母不断地跟孩子说，"要努力学习，努力才能掌握知识、获取好成绩"，可能效果不会很好。想要把这样的认知植入孩子心中，需要借助一些心理学的方法。

1. 不要说孩子"聪明"或者"笨"

孩子的学习动力来自哪里？一方面是天生的学习需要，另一方面是内在的自我激励和外部的鼓励。好的成绩和在学习过程中体验到的快乐、满足感，是孩子内部动力的源泉。父母赞赏的目光、开心的笑容等外部动力对孩子同样有激励作用。

很多家长对于孩子学习成绩差的原因并没有做过分析和研究，就不自觉地用"不聪明"或者"笨"这样的词语来形容孩子。这么做非常不理性、不科学。

美国心理学家普罗克特和托尔曼曾研究过学生的智力因素与学习的关

系,他们发现,这种相关只是中等程度的相关,而且相关系数的大小还随不同的智力量表、学科和学生所在年级而有所不同。

所以,父母在对孩子的学业进行评估时应了解,只要孩子拥有正常的智力水平,他就具备获取好成绩的"资本"。这样的自信来自科学实验而非人们的主观臆断。

即使是对那些成绩好的孩子,父母把"聪明"这样的字眼挂在嘴边也会误导孩子,使得他们觉得自己成绩好就是因为聪明,认为自己是上帝的宠儿,拥有别人没有的学习天赋,不需努力就能成功。

父母除了不轻易对孩子做"聪明"或者"笨"的评判外,还要纠正孩子的认知。当孩子说自己"笨"的时候,一定及时要纠正,可以给孩子讲几件他在学习上成功的事,还可以讲几件伟大人物经过努力学习而获得成功的事例,让孩子明白,学习是一分耕耘,一分收获。

2. 取得好成绩后,赞叹孩子的努力

孩子特别需要父母的鼓励,尤其是在小学阶段,在他们的自我认知还不够成熟的时候,父母鼓励的话语能够给他们带来很大的动力。

当孩子取得了好成绩,或者取得了比上次更好的成绩时,父母不妨拍拍孩子肩膀,说一句:"这段时间,你很努力啊,你看,努力就有好结果啊!"好成绩本身就是对孩子行为的一种正反馈,加之父母每次都不会缺席的赞赏,孩子的学习主动性一定会增强。试想,有谁不愿意去做让自己感到快乐的事呢?

当然,当孩子成绩不理想的时候,父母也不要责备或打击孩子,因为

成绩本身已经影响了孩子的情绪，父母可以试着说："下次好好努力，一定能赶上来！看看具体是哪里没有掌握好。"这样做，就把孩子引导到了要努力才能有好成绩的方向上来。如果孩子情绪不好，除了要给他发泄的机会，还要关注他对这件事的认知。

3. 提升孩子的控制感

孩子在学习过程中，无论是背诵课文、听写单词还是做数学题，当做得不对或者不知道怎么做的时候，一定也有一部分同学能够轻松、快速、准确地完成。这些同学表现出来的能力很强，被称为"高手"，这是因为他们有极强的自我控制感。只有高手，才能更加轻松、自如地驾驭学习任务。

控制感能激发孩子的自信。孩子对学习的控制感越强，自信心也就越强。控制感源于对知识的熟练掌握，而掌握知识的过程是一个一点一滴做起的过程。每掌握一个知识点，孩子的控制感就增强一点，征服欲也就更强烈一点，终将成为学习上的"常胜将军"。

掌握越学越爱学的脑机制

孩子需要学习，因为学习是他们成长的主要方式。每个孩子都具备学习能力，因为每个孩子都拥有智慧的大脑，而学习是需要大脑的参与才能进行的活动。学习会让大脑变得更聪明，因为大脑具有终生可塑性，学习可以改变大脑的物质结构和功能。

大脑的可塑性指的是脑具有在外界环境和经验作用下不断塑造其结构和功能的能力。人类大脑具有终生可塑性，也具有发育的关键期。关键期是脑的可塑性最强的时期，在关键期内，脑的结构和功能特别容易受到环境和经验的影响。

作为中枢神经系统主要组成部分的脑，由无数个神经元构成。神经元是神经系统的基本细胞单位。神经元中一段长长的伸展部分叫作轴突，轴突负责给其他神经元传输信息。神经元之间没有实际接触，而存在着微小的间隙。神经元中的神经递质通过突触来传递信息，大脑的发育与突触的变化趋势趋于一致，具体体现在突触数量的增减上。为了保证神经系统的运作效率，大脑需要修剪掉一部分神经元，而学习在大脑修剪神经元或者联结的时候发挥着重要作用。孩子在学习新知识、产生新感悟的时候，能够建立起新的神经元联结；孩子在不断应用已经掌握的知识的时候，能够巩固已经建立起来的神经元联结，使得对相关知识的应用变得更加有效。

人脑遵循用进废退的原则，最经常被刺激的突触或者突触组合最容易被保存并发挥功能，相反，较少受到刺激或没有受到刺激的突触则容易被修剪掉。所以，那些爱学习的孩子会越学越爱学习，就在于他们的大脑结构和功能已经被塑造成更利于学习的模式。

既然学习有助于孩子大脑发育，那么孩子整天坐在书桌前对着书本读、写，是不是就会变得更聪明呢？当然不是。学习是基于环境而发生的行为，离开了环境刺激，学习效率就会变得低下。

心理学家贝克斯顿曾经做了一个著名的"感觉剥夺"实验。实验开始后，被试安静地躺在实验室的一张舒适的床上。在这个房间里，没有视觉和听觉的环境，被试看不见任何东西，而且手上戴着软绵绵的手套，脚上包着东西。总之，实验人员做到了不让被试的感觉器官接收到任何刺激，就连吃喝这些事情都不需要被试移动手脚。

实验刚刚开始时，被试还能安静地睡着，接着却开始失眠、不耐烦，急切地寻找刺激，他们唱歌、吹口哨，不断地变换活动方式，这样的形式，他们最多能坚持两三天。几天后，当被试从房间出来后，身体、动作都变得不协调，一些很简单的活动都无法顺利完成。

可见，当一个人的感觉被剥夺后，智力也会出现障碍。

人获得知识或应用知识的过程始于感觉与直觉。人的感觉很多、很复杂，包括外部感觉，比如视觉、听觉、嗅觉、味觉等；还有机体感觉，比如运动觉、平衡觉等。当一个人的感觉被激发后，就拥有了学习的机会，一个人感觉到的内容越丰富，心理活动越丰富，对环境的适应能力就越强，所学到的知识也就越丰富。

所以，孩子的感觉世界越丰富，大脑受到的刺激就越广泛，大脑的发育也就越充分，学习带给孩子的满足感就越强，孩子会越学越爱学。值得一提的是，学习是促进孩子大脑发育的重要方式，而此处指的学习，不仅是学习课本知识，还包括社会实践。素质教育的优势就在于其学习方法适应了孩子的脑发育机制。

好成绩在促进孩子大脑发育的同时，也使得孩子在学习上建立起了积极的自我意识，增强了满足感、归属感和价值感。在学习上，孩子如果常常处于积极的情绪中，则有利于他们更好地学习和记忆，因为所有这些情绪事件都能得到大脑的优先加工，使得孩子学习时处于最佳状态，所学知识在大脑中留下的印记就更加深刻。

从大脑的发育机制以及特性来看，学习是一种能促使大脑发育的方式，也是一种对学习有促进作用的机制。所以，那些使用了适应脑机制发育的学习方法的孩子，不仅获得了好成绩，还促进了大脑发育，越学越开心。

推动孩子进入主动学习的高境界：心流

孔子曰："发愤忘食，乐以忘忧，不知老之将至。"足见圣人先贤对做学问有多么热爱。这是多么美好和令人向往的人生境界啊！兴趣产生了热爱，因为热爱而沉醉，因为沉醉而发掘出优势潜能，成功的火花就在这期间不断闪耀。

科学家玛丽·居里是1903年和1911年的诺贝尔奖获得者，她小时候非常热爱读书，一拿起书本立刻就能融入进去。有一次，姐姐和一群小伙伴在家里唱歌、跳舞、做游戏，她们邀请玛丽一起玩，但是玛丽不愿意，她就像没看见她们一样，在一旁专心地看书。

小伙伴们看到玛丽这么专注，想搞"小破坏"，就想了一个办法。她们悄悄地在玛丽身后把椅子码起来，码得很高，只要玛丽一动，椅子就会倒下来。大家一边玩耍一边留意玛丽，时间一分一秒地过去了，直到玛丽读完一本书，椅子还是好好地在那里码着，这下大家彻底服了玛丽。

玩耍是孩子的天性，没有哪个孩子不喜欢玩，但为什么玩耍的乐趣无法吸引玛丽的注意力呢？就是因为玛丽拥有强烈的读书欲望，读书时产生了一种愉快的情绪并将玛丽深深吸引住。当一个人在内心对学习充满热情后，就能达到一种忘我的境界。

心理学家米哈里·契克森米哈在对来自各个年龄、不同地域、不同职业的成千上万的人进行访谈后发现，当一个人沉浸在某项活动中时，其他任何事物都变得无关紧要。这种体验是如此有趣，以至于人们即使付出很大的努力也会去做，不为别的，仅仅为了去做这件事。

一个人无论从事什么活动，如航海、思考，或者在流水线上工作，可能是登山者登上高山之巅时，歌唱家引吭高歌之时，演讲师在演讲台上滔滔不绝演讲之时，演员进入某个角色之时等，只要活动时处于最佳状态，这种心流体验都是极为相似的。而且，被试喜欢这些活动的原因也有许多相似之处：这些活动使人们产生深度的快感，以至于人们会为了获得这种快感而乐此不疲。

家长只要留心就会发现，一个成绩优异的孩子是非常喜欢上学和学习的，每天放学回家不用家人叮嘱，就会自觉地去学习。而且当他认真学习的时候，如果别人打断他，他会非常不高兴。有时候，人们甚至难以打断他，因为他已经深深地沉浸到学习中了。所以，当孩子学习的时候，如果状态很好，父母最好不要抱着陪伴或者监督的心理走到孩子身边，更不要检查孩子的作业，否则会妨碍孩子体验心流式的幸福和满足。在学习上，父母应给孩子独立的时间和空间，让孩子自我管理，这样更利于培养孩子主动学习的精神。

当下有一些孩子，因为完全把精力放在了学习上而没有时间玩耍。其实，这样的孩子是最不容易进入心流状态的，学习效率也比较低。学习需要劳逸结合，就是要孩子在玩耍的时候能够全身心地投入到活动中，身心完全放松，疲劳获得释放，大脑在充分休息后才能够高度集中注意力进入学习状态；在学习的时候忧虑感消失，乃至时间感消失，脑子里只有眼前的学习任务。这样更能提高学习效率。

有的孩子看娱乐节目能够一动不动地连续看几个小时，是不是也进入了心流状态？心理学家认为，这些与流畅体验相关的特点不会在消极的活动中产生，所以，不管看电视时精力多么集中，孩子都很难体验到流畅的感觉，因为对于这类活动，孩子意识上的参与度不够高。

在心流活动中，个体对活动要有主控感，也就是刚开始做这件事的时候，一定是在有意识的控制下去做的，但是做到一定阶段或者一定程度时，就完全融入进去，不需要意识控制了，此时心无旁骛，没有了烦恼和忧愁，也没有了时间和空间。试想，那是一种多么快乐的感觉啊！

第 2 章

遵从学习的心理机制，有效推动孩子主动学习

孩子天生爱学习，从出生以后，他们就表现出了对学习的主动性。上学以后，他们也同样表现出了对读书、学习的热爱。此时，顺应孩子的心理，保护并推动孩子学习的主动性，就能避免孩子对学习产生消极和被动的认识。

推动孩子做自我调节

一位妈妈曾经这样描述自己的孩子，放学后一进家门，把书包往沙发上一扔，一边扭动身体一边大喊："终于放学了！"然后满房间地蹦来蹦去。妈妈叮嘱他写作业，孩子说："一会儿就写，可算放学了，还不让我轻松一会儿！"如果妈妈不盯着，孩子就玩疯了，作业早就忘到脑后了。

在家里可做的事情太多了，玩拼图、看电视、练飞镖、玩游戏，孩子能一刻不停地玩到八九点，整个过程眉飞色舞、快乐无比。如果告诉他作业还没写，虽然拿起了笔，却立马变成一副没精打采的样子！

妈妈就纳闷了，为什么孩子从没有自己主动提出要学习的时候？看着别人家的孩子自觉主动的样子，妈妈真是满心的羡慕啊！

孩子不能积极主动地学习，大都表现为贪玩、时间观念不强、自我控制力差、做事目的性差、缺少统筹安排时间的能力、遇到困难就退缩等，不管具体表现是什么，都可以概括为学习动机不强，结果都是一样的，即学习效率低,难以完成学习任务。这样下去,肯定是不利于学习及发展。

父母要指导孩子学会自我调节。心理学上把自我调节界定为用于激发并维持自身的思维、行为及情绪以实现目标的过程。

1. 提升学习动机

动机是由目标或对象引导、激发和维持个体活动的一种内在心理过程或内部动力。学习动机对学习行为有强大的激活、指向、维持和调整的功能,能够使得孩子把精力集中在学习上,保证学习的方向、目标、强度、持续性。

当孩子学习动机强的时候,就会把学习当成非常重要的事情:为了写作业,可以暂时先不玩;为了读书,可以放弃最喜欢看的动画片。当孩子成绩不好的时候,他的心里会不舒服,就会憋着一股劲儿勤学苦练,提高成绩。

父母可以引导孩子制定学习目标,制定目标时要听取孩子的意见,考虑孩子的要求,让孩子觉得这个学习目标是可以实现的。当然,为了更好地保证学习效果,为孩子制定目标的时候要适当超越孩子当下的水平,以"跳起来能够到果子的高度"为宜。

2. 提高意志品质

对孩子来讲,即使有了学习动机,真正学习时仍然需要很强的意志品质来保证,因为玩的诱惑力远远大于学习。此时,需要父母的介入,父母一方面要监督孩子完成学习任务，这本身就是提升意志品质的过程；另一方面要理解孩子，因为他们的自我控制水平的确不高。

孩子要控制住自己，需要在不同的行为中进行选择，小学生的大脑还处于发育中，理性思维能力还不强，情绪控制能力也不强。自我控制是一件比较难的事情，需要慢慢锻炼。

延迟满足被认为是提升自我控制力比较好的方法，对于玩、吃零食这类生理需要，父母可以适当地延迟满足，而把学习的事情往前提，写作业的时候，就要坚持把作业写完再去玩。这本身就是一个提升意志品质的过程。

3. 积极面对学习，学会学习

学习知识有什么好处？在学习过程中是否能感受到快乐？如何学习效果才更好？这些在学习策略方面的比较简单的思考，可以成为孩子在学习过程中进行自我调节方法的启蒙，随着知识越学越多，掌握的学习方法和学习策略越丰富，孩子在学习上的调节能力会更强。

对于刚进入校门的孩子，如果父母及时发现并鼓励他们的学习行为，对他们钻研学习方法、培养学习热情具有推动作用，能使得他们更愿意寻找更好的方法去学习。

当孩子做加法运算题目的时候，能够挑出其中的两个数先加起来，然后再加第三个数的时候就更容易了。这个时候，父母可以鼓励孩子："这么算起来更快啊，学习的时候就是要这样动脑筋。"

孩子天生爱学习

当下，孩子一上学，父母就跟着忙碌，有的家庭还呈现出越来越忙的状态：早晨喊孩子起床，晚上督促孩子睡觉；孩子写作业的时候，一旦搞不定，一家子齐上阵，你吼他叫；有的父母不满意孩子的成绩，自己改变不了，就借助家教老师等外部力量；等等。

如果有上述桥段发生，这个家庭里的孩子在学习方面可能并不如意，最起码没有让父母满意。

如何让父母不会因此迷茫，而能轻松、自然地尽到教养的责任呢？放任不管肯定不行。孩子在学习过程中不可避免地需要父母的指导和帮助，这样才能养成正确的学习态度和学习习惯，很好地适应校园生活。而且，孩子年级越低，这样的需要越迫切。如何满足孩子的需要，父母应具备教养大智慧。

心理学上有一个著名的理论，叫作马斯洛需要层次理论。马斯洛认为，人有七种需要，这些需要从低级到高级分别是生理需要、安全需要、归属与爱的需要、尊重的需要、求知与理解的需要、美的需要和自我实现需要。

马斯洛把前面的四种需要定义为缺失需要，这是人类生存所必需的，它们对生理和心理的健康很重要，必须得到一定程度的满足后，孩子才能顺利成长。当孩子的缺失需要得到满足后，就会产生后三种需要，这三种需要则是成长需要。缺失需要的满足能够使人生存，成长需要的满足能够使人生活得更好。

孩子进入校园以后，父母需要建立一种认知：孩子具有求学的需要，他们对学习充满热情。面对这种求学需要，父母要正视其所蕴含的强大力量对学习的推动作用，不要剥夺孩子在学习过程中的主体地位，要使得孩子、父母、学校、社会等各方力量形成一股合力，真正地推动孩子学习和进步。

1. 求学是孩子成长中的一个阶段

孩子为什么要进入学校学习？因为孩子需要发展。人趋向于发展，所以，当孩子到了上学的年龄，就会渴望上学，其外在表现也很明确，他们会想要书包、会握着笔写字、去附近的学校外面玩等。

学校教育是儿童的主要成长阶段，影响着他们的身体发育、认知发展、人格发展和心理发展等。孩子在学校里学习知识、技能和素养，发展体质、提升心智，为成年后的生活打基础。所以，孩子在校园里生活得怎么样，对今后的影响很大。

上学是孩子的愿望。孩子到了适宜年龄就要入学，进入校园后，他们会努力融入校园文化,最为重要的一点就是会努力学习,形成正确的价值观、信念和行为规范等,这个过程能够促进孩子自尊的发展。适应性比较强的孩子能够轻松融入校园环境,跟上老师的步伐。此时,父母比较省心。

但是,对于适应力不是很强的孩子,父母要多多给予支持,父母要对学校、对孩子充满信心,协调好家庭教育与学校教育的关系,配合学校的教育和教学需要,达成亲子、家校、师生的良好关系,促进孩子的德智体美劳全面发展。

2. 帮助孩子处理问题,引导孩子坚持学习

父母对于"求学能够改变孩子命运、能够成就一个好孩子"的想法已经达到了深信不疑的程度,所以很虔诚地引导孩子去学习。但是,当孩子在学习上有了"不良表现",比如贪玩、不好好写作业、上课不注意听讲的时候,父母会对"孩子需要学习,学习是从热爱起步的"的观点产生怀疑,这样的怀疑不利于父母建立引导、激发、推动孩子学习的教养机制。

所以,不管任何时候,即使孩子出现不良表现,父母也要坚信,孩子的内心仍旧渴望学习。

孩子需要求知,校园是学习知识的重要场所,在校园里生活得如鱼得水才是该有的状态。父母应做孩子"爱上学"的引导者,要保护他们的权利不被侵犯、不被干扰。

当孩子进入小学中年级或者高年级,甚至升入中学以后,可能会产生不想上学的情绪,对学校产生排斥心理。此时,可能会有一些"影响事件"发生,引发孩子对校园或者对学习的逃避。此时,父母除了用温暖的怀抱

拥抱孩子外，还要帮助孩子解决问题。

　　什么样的事件会影响到孩子呢？校园欺凌、被老师误解、学习进度跟不上、没有完成作业、犯了错误不能面对，等等。此时，孩子没有足够的勇气面对眼前的状况，只能选择逃避，如果父母能够给予支持和帮助，他们会更加愿意上学。

目标定向：不做误导孩子的三种家长

当孩子即使面对一次普通的考试，内心也会因为担心考砸而惴惴不安时，父母会想什么呢？会不会觉得自己在引导孩子方面太过于看重成绩，使孩子对学习的认识产生了偏颇，或者已经误导了孩子呢？这是一件需要父母认真思考的事情，以避免在教养的时候让孩子走弯路。

有的孩子较关注把自己的能力展现给别人看，他们特别在意考试分数，特别想在分数上打败其他同学而成为第一名。这样的学习目标让孩子对成绩倾注了太多的热情，而忽略了学习的本质是为了获取知识、增强学习能力。

有的孩子只关注学习知识，而不在乎表现如何，更倾向于寻求挑战，遇到困难的时候更加能够坚持，他们更在意学习本身，而不是考了多少分，或在班里的名次如何，更不会因为担心考试成绩不好而焦虑。这类孩子面对学习任务时更自信，更能够主动探索并运用各种有效的学习策略。

从学习的特性和本质及更长远的发展来看,第二类孩子在学习上更具备长期优势。就像孩子的行为方式会受父母的影响一样,孩子在学习上倾向于建立什么样的目标,跟父母的教养方式密切相关。以下几种教育方式需引起家长警惕。

1. 过分关注分数

这类父母喜欢把分数挂在嘴边,考试结束后会忙着问:"考得怎么样啊?答案都写上了吗?"分数出来后,会紧跟着问孩子:"考了多少分啊?"说这些话时,父母不分时间、不分场合,更不会考虑孩子当时的心情。而且,父母的情绪变化会跟着分数走。孩子考好了,父母就对孩子笑脸相迎,关怀备至;考不好,就对孩子冷言冷语。这分明就是告诉孩子:学习就是为了考个好分数。

有这样"视分如命"的父母,孩子自然会觉得分数很重要,如果考不好父母会不高兴,于是,他们便把更多的心思用在如何考好上,有的孩子甚至因此而作弊。父母关心孩子的学习没有错,但要注意方式,如果想通过分数判断孩子的学习情况,也要注意,方式不能太单一,要明确总的原则是,学习的目标是获取知识。

2. 爱炫耀分数

有的父母较虚荣,当孩子考试成绩好的时候,会忍不住在别的家长面前炫耀，说"孩子让人省心、聪明，懂得学习""孩子每次成绩都很好！我都不知道他怎么考的""我不管孩子，想玩就玩，想学就学"之类的话。

俗话说，"胜不骄，败不馁"。一两次的好成绩只是某个阶段努力学习的成果，不代表孩子已经掌握了所有的知识。对小学生来讲，学习的道路还很长，虚心前行才是该有的态度。家长的炫耀行为，容易让孩子产生"我很了不起"的心理，容易让孩子因眼下的好成绩而沾沾自喜，从而忽视"努力才是学习好的根本"。

3. 习惯于超额付出

有的父母非常具有奉献精神，一切都是为了孩子好。这类父母动不动就对孩子说："好吃的、好喝的都由着你，只要你好好学习！""我们吃点苦没什么，只要你好好学习就行！"……这样的父母看起来对孩子很好，实际上却很自私。他们习惯于超额付出，因为内心对孩子还有更高的期待，想用所谓的"克扣自己"换取孩子的"分数回报"。当有一天孩子没有如父母期待的那样成功时，潜藏在他们内心深处的不满足就会转化成对孩子的抱怨。

此时，孩子要么冲着高分数奋发努力，要么自暴自弃干脆不学习，无论是哪种，都不是孩子该有的对待学习的态度。所以，父母不要因为想让孩子成绩好就无条件满足孩子，甚至失去自我，父母失去自我的代价有可能就是孩子失去未来。

用玩强化学习，让满足感翻倍，孩子更爱学习

许多父母认为，玩会耽误孩子学习，在他们心中，学习比天大，怎么可以让孩子用大把的时间去玩呢？

当孩子上了小学以后，虽然已经成为小学生，应该把主要精力放在学习上，但他们还是孩子，在思维意识里，他们还以为玩不可能一下子排到学习后面，父母想让孩子以学习为主而放弃玩耍是不可能的。从成长和发展的角度来讲，也不利于孩子成长。

人类以感知觉活动来认识世界，发展自身。一个孩子的感知觉能力越强，认识世界、发展自身的能力越强。

感知觉能力的培养离不开高效的感知觉活动，很显然，如果只是闷在家里读书学习，感知觉器官受到的刺激会很单一，有些能力的发展就会受到限制，比如跑步、跳跃、身体协调、适应环境、与人交流等。孩子将来要适应社会，而这种能力来自于与社会的全方位接触。小学生的生活环境

一定不只在校园和家里的书桌，还有更广阔的自然和社会环境。所以，孩子不仅要学习，还需要户外活动、群体游戏、玩具等来丰富生活，获得全面发展。

很多父母习惯把学习以外的事情都归结为玩，这似乎没什么不妥。马斯洛需要层次理论告诉我们，每个人生来都是有需要的，一个人只有低级需要获得满足后才会产生高级需要。玩作为一项能够娱乐自身的活动，是孩子身心发展的正常需要。而学习是由经验引起的，以心理变化适应环境变化的过程，其结果是引起行为或行为潜能的改变。学习也是孩子身心发展的需要。

玩和学都是孩子的需要，哪一项无法获得满足，都会导致孩子身心发展不平衡，为了寻求平衡，即使父母盯着学习，孩子也会寻找机会玩耍。所以，压抑孩子让他只学习不玩，不如协调好玩和学两件事情，这样，孩子才能既玩得好，又学得好。

1. 玩的内容、形式非常丰富

孩子可玩耍的范围很广泛，包括户外游戏、手工制作、看动画片、涂鸦、过家家，等等，大人永远不用担心孩子没得玩。父母除了带孩子走进大自然、走近小伙伴、走进各类博物馆外，还可以带孩子学音乐、学画画，这些在孩子看来都是玩。

在玩的过程中，孩子的身体素质、智力发育、交往能力、合作能力、领导能力等都获得了发展，这些能力的获得也让孩子获得了尊严，所以玩满足了孩子被尊重的需要和获得友谊等爱和归属的需要。

2. 将玩耍作为"强化物"

刚刚入学的孩子，自我控制能力比较差，很容易被外界环境所吸引，他们心里想的还是玩，而学习是一件需要静心并集中注意力来完成的事。

为了让孩子好好学习，我们可以用玩来强化孩子的学习行为。只要完成学习任务，就可以玩想玩的项目，这样孩子就会欣然接受学习这件事。

第一步，选择强化物。

搞清楚孩子平时喜欢玩的项目，包括游戏、航模、体育器械、足球、羽毛球等。这些都可以被当作强化物来强化孩子的学习行为。

第二步，强化的方式。

强化的方式可以选择事情没有发生以前，或者事情发生以后。

在完成学习任务之前，孩子可能想玩，这时，可以跟孩子说定，先学习，然后再玩，玩便成了学习的强化物。写完作业的满足感和玩耍的快乐会让孩子更易接受这样的安排，能促使他们养成好的学习习惯。

如果父母发现孩子在学习方面有亮点或者有优秀的表现，一定要记录下来，然后在休闲的时候和孩子谈心，告诉孩子："你今天没有让妈妈督促，自己主动完成作业了，表现不错！如果每天都能在5点钟的时候主动写作业，妈妈就奖励你踢1小时足球！还会做一道你最喜欢吃的菜！"相信孩子会很痛快地答应！

关注要适度：父母不能以孩子的学习为轴心

孩子上学以后，很多妈妈觉得，陪孩子写作业更利于孩子集中精力完成任务，毕竟他们刚刚踏入校门，对于学习这件事情还不是很上心，自我管理能力也不是很强，由"妈妈管"效果会更好。

况且，有很多孩子是主动要求妈妈陪着的，这与晚上要妈妈陪着睡觉是一样的感觉。如果妈妈去做自己的事情，他们就会闹情绪或者不写了，索性自己玩起来，甚至将作业拖到很晚，不仅休息不好，而且影响第二天的学习。为了不影响孩子，当孩子要妈妈陪的时候，妈妈就答应了。

陪孩子学习，也是一种关注。关注对孩子来讲代表着重视，具有推动力，当学习被重视的时候，孩子自己也会重视起来。但是，父母的关注要有分寸，如果表现得过度关注，会给孩子制造一个假象：学习是父母的事情，努力也是为父母努力。当孩子有了这样的认识后，势必把学习与父母捆绑在一起，相当于在独立的道路上拉着父母一起走，大大削弱了他们自主性的养成。

父母关注孩子的学习没有错，但要把握好度。父母要意识到，关注体现的是对孩子学习的重视，比如，为孩子准备独立学习的房间，孩子待在房间时父母要少打扰孩子；父母热爱读书，将很大一部分业余时间花在读书上，再把读到的好书推荐给孩子；孩子学习的时候，父母不要看电视，更不要打麻将或者唱歌；孩子遇到难题，可以一起讨论……

总之，要做能对孩子的学习起到积极作用的事。过度关注，对孩子的学习不一定都是有益的，也许对其成长有不良影响，可以说是错误的教育方法或者教育行为。

那么，在孩子刚刚入学时，在日常的教育行为中，父母怎么做才算关注适度呢？

1. 认识到过度关注的危害

父母如果过度关注孩子，可能会导致两种不良情况。

一种是，父母关注孩子学习时，关注的往往是他们的成绩，对孩子学习成绩的过度关注会导致孩子建立表现目标。表现目标即获得高分或让自己显得比其他人更聪明、更能干的意愿，这可能会缩小孩子的人生格局。

另一种是，父母如果过度关注孩子，会导致孩子为了赢得父母的赞赏而学习，过度渴望他人对自己的看法不利于其自尊心的建立，唯他人马首是瞻，容易失去自我。要建立自尊首先要爱自己，爱自己就需要了解自己，懂得什么对自己最重要。在学习方面，掌握知识的重要性要大于学习成绩的高低。

2. 避免不关注

如果父母不关注孩子，孩子在家庭里找不到存在感，就感受不到爱，学习热情难以持续，父母的教养就无法有效地影响孩子的行为。

在当下，计算机已经广泛地走进每个家庭，玩游戏、浏览网页成为既容易实现又能有效打发时间的娱乐形式。很多家长觉得，自己工作了一天很累，玩电脑也是应该的。但是，对于学习习惯还没有养成的孩子来讲，这样做影响非常不好，会使得孩子无法集中精力学习，也想玩游戏。所以，家长不要在孩子学习时玩电脑，最好做自己的工作或者做家务，实在没事做，可以看书，这些对孩子都有正面的促进作用。

良好的学习环境，不仅是孩子学习时父母陪在旁边，也可以是孩子学习时父母也学习，孩子学习功课，父母学习与自身相关的知识。孩子除了能感受到自己与父母人格上的平等外，还能体会到自己是独立的，有自己的事情做，父母也有父母的事情做，每个人都要成为更好的自己，这样，责任感自然就萌发了。

父母在静心读书的过程中，就不会因为孩子的学习而焦虑，更不会因为不知道该做什么而焦虑。

3. 最好的陪伴：你在读书，他在学习

每个孩子都需要一个有书的环境。所谓有书的环境，不是仅指家里摆着书，还指家庭成员都喜欢读书、都崇尚学习。这样，在孩子学习的时候，父母在读书，他们会感受到被陪伴的温暖。即使父母不在身边，如果孩子内心孤寂，也会想到读一本书来温暖自己，等候父母。

鼓励，为孩子树立自我管理的标杆

那些刚入学时对学习充满热情的孩子，也无法保证在后续的日子里热情不减。从他们的表现就可以看出，对学习这件事情，他们还不能完全胜任，比如，会因为玩得太投入，忘记写作业；因为有更感兴趣的事情，就忘记温习功课，导致在第二天的测验中错得一塌糊涂；由于当天晚上没有整理好文具，第二天早晨可能因为找文具而迟到……

总之，上学后，生活会显得比较"凌乱"。孩子出现这些状况，是成长过程中的阶段性反应。成人在进入一个新环境的时候，不也有过"凌乱"吗？此时，父母如果对着孩子吼叫，甚至不耐烦地抱怨，对孩子来讲都是伤害。

想让孩子顺利度过"凌乱"阶段，把学习和生活安排得井井有条，需要父母给予正确的引导，鼓励就是一个行之有效的方法。父母鼓励的态度能够激发孩子自我探索，改变当下状态，而改变的方向也是他们自己期待的。很多时候，鼓励是对孩子做法的肯定，能为孩子的好行为助力。小学生很需要父母的肯定，父母要多多鼓励孩子，以增强孩子的学习动力。

1. 以乐观的态度对待孩子

有人做过这样一个实验，请家长分别找出自己孩子的10个优点和10个缺点。结果，一写起孩子的缺点来，家长们一会儿就将表格填满了；写优点的时候家长却咬起了笔杆，抓耳挠腮地半天才写出一两个。让父母说说孩子的优点怎么就那么难呢？不是孩子没有优点，而是父母没有一双发现优点的眼睛，看不到优点，就看不到希望，自然不知道如何鼓励孩子。

如果父母每天只看到孩子的缺点，会让孩子感觉生活氛围不够积极。俗话说，"相由心生"，父母对孩子的否定体现了自己在教育上的不自信，这传递给孩子的是退缩、畏难、恐慌、逃避的情绪，孩子自然难以变得主动。

2. 树立标杆，让孩子有目标

我们想让孩子怎么发展，就可以对孩子说对应的话。如果想让孩子爱学习，就可以说："小宝玩了半小时，就开始写作业，可积极了！""老师跟我说，我们孩子上课听讲时注意力特别集中！"……这样，我们就为孩子树立了一个正面的、被肯定的形象，孩子的自我形象会变得高大，这就是孩子自我管理的标杆。

如果孩子在学习方面的缺点比较多，也不要着急，先静下心来，把孩子的缺点罗列出来，比如，不按时写作业、粗心、注意力不集中等。父母默默地把这些缺点写在纸上，然后从孩子容易改正的缺点开始，一个一个来改，怎么进行呢？引导孩子用正确的行为取代错误的行为。注意，一定是用行为取代而不是嘴上唠叨和强调，是用好的行为取代坏的行为。比如，孩子不能按时完成作业，家长要不动声色地细心关注孩子，引导孩子按时去做，做得好要及时肯定。

3. 不要用打击的方式教训孩子

有的父母说，生活中他想做什么，我都支持他，没有打击过他。其实，说出孩子的缺点，对孩子也是一种负面的暗示，在这样的暗示下，孩子会变得退缩、软弱。

有的父母一有情绪，负性评价便脱口而出："你就知道玩！""没记性！""笨样子！""老师怎么会喜欢你呢？成绩这么差！"这样消极暗示的话语，容易让孩子在心中形成消极的心理定式，之后无论做什么，学习也好，交往也罢，都会形成消极的、刻板的思维模式和认知态度，那就是"自己不行"。

当他认定自己是一个失败者之后，就会觉得无论怎样努力也无济于事，开始以消极的方式重复不变地对待学习问题。这时，父母再怎么吼叫或激励，孩子都会固执己见地认为"自己不行"，因而无法吸收别人的意见和建议。

家长一定要记得，孩子的自信和兴趣有时是家长鼓励出来的，在孩子没有体验到学习这件事情的美好的时候，不要认为孩子不爱学习，认为孩子不能搞好学习，消极暗示的结果很可怕，也许真的会磨灭孩子的学习热情。

听话的内向孩子需要助力

进入小学后,有一些孩子适应得特别好,这些孩子的气质类型属于偏内向型。他们能做到上课不讲话、不乱动,晴晴就是个典型代表。

课堂上,她从来没让老师费过心,老师让翻开课本,她就默默地翻开,然后跟着老师一起看课本上的内容,那模样一点儿不像刚入学的学生。

有时候,有调皮的小朋友伸着脖子跟她讲话,她也能控制住自己不吱声,下课了还不忘叮嘱对方:"以后你上课的时候有什么事情,下课跟我说吧,上课要专心听讲。"

老师常常感叹,如果每个孩子都能像晴晴这样,老师得多开心啊!像晴晴这样孩子的父母是否思考过,孩子为什么能够快速适应校园生活?家里有这样懂事的孩子,父母还需要操心吗?面对这样的性格特点,在未来成长的路上,父母要如何教养才会让他们成长得更好?

1. 引导孩子多多表达

内向的孩子比较谨慎，日常沟通中，他们要经过周密思考后，才愿意用最少的词语表达出内心的想法，话说多了，他们会觉得自己很啰唆。所以，在外人看来，很多内向孩子会有一些高冷。其实，他们的内心并不如外表那么淡定，他们常担心自己说得不好，会担心是不是说错了什么，哪个词用得不够恰当，自己是不是不该讲话。在课堂上，即使是在集体讨论时，内向的孩子也不活跃，更较少积极主动地发言，因为他们需要一定的时间来形成和整理观点，在这个过程中，外向的孩子早已经发言了。

这样的孩子，如果在学习上比较用功，把知识点都掌握了，上课又不乱说话，那么，在老师眼里一定是好学生。不过，从长远的发展来看，不说话就意味着孩子的语言表达能力、沟通能力得不到锻炼。所以，父母要引导孩子多说话，借助读书、讲故事、唱歌、讨论问题等方式，提高孩子的语言表达能力。

2. 引导孩子主动展示自己

适当的自我展示是让外界了解自己的方式，如果孩子能把自己的特长展示出来，就能够提升自信。比如，对于一个会跳舞的女孩来讲，参加比赛获得名次、在众人面前展示并得到夸奖都会使她获得更大的学舞蹈的动力。所以，内向孩子喜欢什么，父母就应该鼓励他们大胆地去做、去展示。

3. 增强孩子做事的勇气

有的父母觉得,孩子真是太省心了,从不用担心他与人发生争执,或不小心动手伤到别人。和同学一起玩,拍对方肩膀一下都是轻轻的,就好像怕把对方的肩膀拍坏一样。内向的孩子天性谨慎、敏感,他们为人小心,善于观察,在与人交往中,常常会自我反省,是不是伤到了他人,一些微小的触碰或矛盾也可能会让他们不安。

当内向的孩子打断别人的谈话、发表了不同于他人的意见、看到他人生气、觉得自己用了不恰当的词语或让别人不开心的时候,他们内心可能会感到很惶恐,因为他们最怕伤害别人。所以,很多时候,他们不轻易开口,也不会有过激的行为。

这样的孩子虽然不惹事,但是,面对"熊孩子",或者面对调皮孩子的欺凌行为,父母要教导孩子,当被侵犯的时候要学会反击,这样,他们才不会因为被认为性格懦弱而成为被欺凌的对象。

如果孩子胆子比较小,为了防止孩子没能力反击他人,父母可以领着孩子多参加一些可以培养勇气的运动,比如,滑雪、拳击、游泳、滑冰、摔跤等。这些增强孩子意志品质的运动能让孩子提前感受拼尽全力和别人抗争可能产生的疼痛强度,从而不会产生无畏的恐惧,之后被欺凌的时候更敢于出手,而不会被误认为软弱可欺。

调皮的外向孩子渴望体谅

一位一年级的老师说:"我们班有几个孩子太让人头疼了,写字找不着橡皮,老师讲课时他要上厕所,老师强调好几遍看书他也不知道内容在多少页,无视老师讲课的内容,有时坐着坐着就会站起来走几步,就算玩传球活动,球都能被扔到房顶上去……"

一年级的孩子是带着幼儿园阶段的玩心和较弱的自我管理能力走进校园的,必然需要经历一个磨合阶段,使得他们告别无序的状态而进入小学生状态。这些好动到管不住自己的孩子,性格往往比较外向。

如果家有"皮孩子",父母会很头疼,因为他们太顽皮,完全无法坐下来安静地学习。如果只是调皮捣蛋,父母也就忍了,毕竟是小孩子,可是不爱学习,学习成绩差,父母无法接受。

不管父母怎么告诉孩子"上课要注意听讲",课堂上他们依然会找机会说话、做鬼脸;不管父母如何叮嘱他们"放学了先写作业",只要父母不在身边，他们一定上蹿下跳，玩得不亦乐乎，至于作业，他们哪里还顾得上；如果家里有客人，父母去陪客人，让他们独自写作业时，他们一定做不到，他们会出去凑热闹；在校园里，经常被老师训斥，他们一点儿都不当回事，依然我行我素。有的家长特别纳闷，自己的孩子怎么会这样？！

心理学家艾森克发现了决定人格的三个维度：内外向性、神经质和精神质。其中，外向性指的是典型的外向者，善于交际，健谈，开朗，喜欢聚会，喜欢刺激和变化的环境，有许多朋友，喜欢与人交谈，不喜欢独自看书和学习。孩子越外向，这些特点会表现得越明显。

那么，外向性孩子就是天赐的"学渣"吗？当然不是，虽然他们不容易安静下来，但是，他们依然可以很好地完成学业，关键在于父母的引导。

1. 跟孩子聊学习

如果孩子性格特别外向，家长就该明白，孩子天生喜欢聊天，一天到晚总有说不完的话。当孩子与某个人夸夸其谈的时候，你可能会想"考那么点儿分，还好意思在这里聊天"而想阻止他。与其扼杀孩子的兴趣点，不如利用孩子的兴趣点。

外向的孩子能够一边交谈一边思考，因为交流的过程能够提升他们的思考力。家长可以根据这个特点跟他们聊聊所学知识，有的知识，聊着聊着，也许就掌握了；还可以聊聊与所学知识相关的课外知识，趁他聊的跟不上你的节奏的时候，顺势塞给他一本书，让孩子自己去读，读完再聊。为了你们之间继续有的聊，孩子会选择继续读书。读的过程不但能学到知识，也能培养阅读兴趣和习惯，锻炼意志品质。

2. 提供机会，展示才能

性格外向的孩子喜欢自我展示，把自己的才艺、能力在外人面前展示出来，是一件让他们感到高兴的事。而且，他们不怯场，越是在人多的社交场合，他们越是活力无限。所以，家长就可以培养孩子的一些特长，并给他们提供机会去展示，这不仅能满足他们自我展示的欲望，也能促进他们学习才艺并因此而获得满足感，提升自信。

有一个性格特别外向的孩子，一天到晚在家里蹦跳、喊叫。暑假到了，妈妈为了消耗他的精力，给他报了四个兴趣班，唱歌、跳舞、游泳、绘画，因为把大部分时间花在了学习上，孩子似乎没有以前那么好动了，最难能可贵的是，他学得还很有劲头。

3. 带他们去运动

无论一个人想在哪个方向发展，要想有所收获，就要长期坚持和努力，一定不能浅尝辄止。因此，长远来看，身体素质是决胜未来的很重要的因素。

外向的孩子精力充沛，充满好奇心，也热爱运动，能较长时间进行某项运动而不会感到疲劳。那么，可以利用他们好动的特点，带他们参加体育运动，长跑、踢足球、打篮球、游泳等都是不错的选择！

第 3 章

好行为、好品质：
让日常学习行为趋于主动

孩子学习时不仅是学习知识，还有一个特别重要的任务，就是学会如何学习，即不断寻找更适合自己的高效学习方法，并因此而养成习惯，形成稳定的品质。

课堂上一定要求孩子回答问题吗

课堂上,当老师提问的时候,为什么有的孩子喜欢举手回答,有的孩子不喜欢呢?不举手的孩子是发自内心地不想回答问题吗?如果父母想引导孩子走上正确的学习之路,就不能忽视这个问题,即使孩子成绩不错,父母也要重视。因为对孩子学习品质的塑造就是通过规范他们的正确行为方式来进行的!

教室这个场所对身处其中的每个学生都有着重要的影响。

课堂回答能启发孩子思考

对老师来说,他们不仅在传授知识,而且在促进学生进行自我管理。老师每一节课所讲的内容都是事先规划好的,他们既要讲知识点,还要启发学生的思维,鼓励学生学习自我管理。在一堂课上,学生跟老师的配合度越高，思维的活跃性越高，课堂听讲的效率越高。从孩子的角度说，回答问题明显能提升自身的思考力，提高思维的活跃性以及对知识的理解力，也能避免学生在课堂上开小差。

人的记忆具有情景一致性和情景依存性。在课堂上，学生更趋向于老师讲课的内容，当老师提问的时候，学生能打开记忆系统，充分调动头脑里学过、关注过、有记忆的内容，会全力思考、快速理解，实现对知识的高效提取和存储，更加高效地听讲。

美国教育心理学家布鲁纳说："知识的获得是一个主动的过程，学习者不应该是信息的被动接受者，而应该是获取过程的主动参与者。"当下，老师们越来越重视孩子的全面发展，很注重引导孩子在课堂上与他们合作，不断地向孩子抛出橄榄枝，孩子愿意并想办法去接住的过程，就激发了主动学习兴趣和能力。

举个例子，当二年级老师讲"现在有 20 个苹果，平均分配给 5 个同学，该怎么分"这道题时，老师不可以直接告诉孩子们分法，而应让孩子们开动脑筋思考分配方法。在这个过程中，老师会把主动权交给学生，要求学生来回答，能够积极配合老师的孩子，才能获得更好的发展，而回答问题就是促使孩子与老师配合的重要方式。

苏格拉底说，最有效的教育方法不是告诉人们答案，而是向他们提问。如果孩子遇到一个喜欢提问题的老师，但上课却不积极回答问题，可以引导孩子参与课堂提问。

鼓励孩子回答问题

1. "推一推"孩子

父母需要从老师那里了解孩子上课有没有积极回答问题,如果没有,就可以找个时机开导孩子,"推一推"孩子。

王军是"中等生",很少在课堂上回答问题。妈妈经常开玩笑说:"我儿子在课堂上是'打酱油'的!不过,只是暂时的!指不定哪一天,老师提问题的时候,他就站起来回答了!到时候,就能体会到参与的快乐了。"

有一次,老师提了一个问题:一个立方体的玻璃器皿,这个器皿的容积和体积一样大吗?谁想到了就可以举手回答!王军第一时间就想到了它们不一样大。

当他抬头向四周看的时候,已经有很多经常在课堂上回答问题的孩子举手了!老师陆续喊他们起来回答,他们都说是一样的。他们的理由大致一样,因为都是用一个算式算出来的。老师一边点头,一边对大家说:"谁有不同意见,请举手!"

此时,王军心里有点儿忐忑,但是他又特别想表达自己的想法。于是,他大着胆子举起了手。手刚举起来,老师就微笑着说:"请王军同学说说你的观点!"王军说:"玻璃器皿的玻璃是有体积的,玻璃的体积和它的容积加在一起是玻璃器皿的体积,所以,容积和体积不一样大!"

回答完问题,王军捕捉到了老师眼里的惊喜,他的内心无比兴奋,感觉教室变得都比以前明亮了,心情也特别舒畅。王军想:以后我要多回答问题!只要是会的问题就主动举手!哼!我不要做"打酱油"的,我要做课堂上的主人!

父母向前"推"孩子的时候最好不要只是滔滔不绝地讲上课回答问题的好处，相比直接说，旁敲侧击地鼓励或和老师约定好共同鼓励孩子回答问题效果更好。

对于成绩还不错，又不敢回答问题的孩子，父母可以提前从老师那里获取问题，然后带着孩子预习课程，上课的时候，老师提出问题，再请孩子来回答。这样几次之后，孩子回答问题的热情就被激发出来了，养成回答问题的习惯后，孩子听课的热情就被带动起来了。

2. 改变孩子的好时机：回答老师预留的作业

有的老师上完课以后，会留一些题目让学生提前温习，在下一节课找同学来回答。这对于那些不敢在课堂上挑战当堂回答问题的孩子来讲，就是一个锻炼的大好时机。

对学习积极性不高的孩子来讲，父母需要花些时间帮助他们把这些题目搞明白，让他们有信心回答问题，而不会逃避。

这是一个提升孩子学习自信心的绝好机会，有助于他们在课堂上拥有"我会做"的自我期待，提升学习自信，使得他们以一个真正学习者的面貌面对老师和同学，而不是置身于学习之外。

预防孩子厌学、逃学

当孩子对学习没有兴趣，开始厌学，甚至逃学的时候，就相当于他的学习产生了严重的问题，相比于解决问题，提前预防绝对是上策。

有心的家长可以通过孩子的日常表现判断孩子是否厌学。一个热爱学习的孩子，对于学习这件事是非常在意和喜欢的，而且表现积极，旷课对他们来讲简直是天方夜谭，他怎么会旷课呢？

不爱学习的孩子，会为了思考一个不上学的理由而想破头，即使知道撒谎是父母不赞成的行为，但即使冒着挨打的风险，也会为了不去上学而挑战父母的底线。如果到了这个程度，那么也许距离厌学、逃学已经不远了，或者已经开始厌学、逃学了。父母就算再不愿意接受也要面对，要积极找原因，帮助孩子改变，才能改变现状。

孩子厌学有原因

1. 对学习没兴趣

学习需要兴趣，兴趣越浓，孩子对学习材料的情感反应越积极，就越能坚持，思考会越深入，对材料的记忆效果越好，学习成就越高；反之，如果孩子对学习没有兴趣，就会出现上课走神、写了一会儿作业就累、记不住知识点、不喜欢去学校、忘记做作业等情况。

2. 遭遇挫折

当孩子真的不想写作业或者对学校、学习抱着一种逃避的态度时，他们可能在学习上遭受了挫折。比如，觉得题目很难，自己看不懂；觉得自己学不会；觉得不被老师喜欢；被同学欺负等。当孩子遇到挫折需要帮助时，父母如果没有察觉，没有给予足够的心理支持，这种挫折感会让孩子形成消极的自我认知，让孩子觉得自己不行，或觉得学习好难，形成畏难情绪。

3. 学习动机不强

学习动机是指引发与维持学习行为，并使之指向一定学业目标的动力倾向。当学习没有动力的时候，学习状态就差，学习效果也不好，也会影响老师、同学对孩子的正确认识，导致孩子难以建立学习上的自信。

个体成长环境不同，心理发展的历程不同，不爱学习的原因也会大不同，最为常见的就是以上几种，但改变起来也不难，具体有以下几种解决策略。

厌学的有效解决策略

1. 培养孩子对学习的兴趣

孩子被学习所吸引并保持持久的学习动力，是一件令人开心的事情。有的孩子天性就喜欢学习，学习兴趣比较浓厚，父母稍稍管理一下，孩子就能进入状态。对于这样的孩子，关键是要引导他们养成良好的学习习惯，遇到挫折的时候给他们鼓劲，不断提更高的要求，这样，学习才会进入良性循环的状态。

对于比较贪玩、不喜欢学习的孩子，父母得多费一些心思，从他们喜欢的事情入手，把关注点引导到学习上来，顺势培养学习兴趣。

如果孩子喜欢手工制作，就带孩子参加手工制作的兴趣班，一周一次，这样孩子就能够做出很多作品。孩子在学习制作这些作品的过程中，一定会涉及图形的相关知识，如正方形、圆形、面积等，当孩子沉醉于完成作品的过程，学习起相关知识也会变得很感兴趣。当这些通过手工制作学到的知识从侧面促进孩子知识学习的时候，就会降低他们对学习的畏难情绪。

如果男孩喜欢飞机模型、汽车模型之类的，就可以把孩子的这种爱好与学习联系起来，促进孩子学习相关的知识。只是，这种联系不是生硬地牵扯，而是把孩子置于特定的情境中，激发孩子的兴趣。

家长可以带孩子去科技馆参观，认识不同的飞机，了解不同飞机的性能及飞机的飞行原理，然后告诉孩子，飞机的设计师和建造工程师知识都非常渊博，尤其是数学、物理等知识，都学得特别好。这样，学习的重要性在孩子心中就会扎根，孩子有了学习动力，接下来的引导就会变得更加顺利。

2. 培养积极的应对挫折的方式

学习是一个把未知的事情变成已知，并达到熟练运用的过程，这个过程受个人心智水平的影响。学习同样的知识点，对有的孩子来讲可能会有困难，这时，他们需要帮助。帮助他们战胜挫折的过程，不仅可以解决所遇到的学习困难，也可以培养他们对待挫折的态度：不害怕、不退缩，并积极想办法解决。

3. 让孩子爱上校园生活

帮孩子记住学校里喜欢的老师、主要的活动场所，教会孩子见到老师应如何有礼貌地打招呼、如何帮助同学，以及友好地和同学交往等。完成这一切的最好机会就是孩子向父母讲述校园里发生的事情。

刚上学的孩子，对学校的好奇心是非常强的，他们放学回来后会追着父母讲在学校的见闻和趣事，老师对他的表扬之类的。这时候，家长要有意识地对孩子讲述的事情表现出极大的兴趣，要和孩子一起笑，让孩子觉得校园是美好的，学习是愉快的、有趣的。

不过，在孩子对新学习环境的新鲜劲儿过了之前，家长就要培养孩子对学习的热爱之情，同时还要支持孩子发展兴趣爱好，如唱歌、跳舞、手工制作等。每个孩子对自己都是有期待的，在校园里所获得的成功与被老师、同学的尊重决定着孩子的自尊水平和自信心的发展。孩子有了自信，就会热爱校园生活，热爱学习。

4. 父母多多赏识孩子

如果家长对孩子要求过高，表现得不知足，孩子会产生一种所期待的褒奖没有被兑现的失望心理，让他们觉得不管怎么努力都不会得到父母的认可，学习动力就会减弱。

学习动力不足，成绩必然下降，当孩子成绩下降的时候，父母就会批评甚至指责孩子，使得孩子心灰意冷，厌学情绪就会产生。所以，在日常生活中，父母要多多鼓励孩子，赏识他们在学习上的突出表现，让孩子感受到自己的能力，这样他们才能更加自信，更有学习动力。

尊重个性：孩子有不同的学习路径

有一个孩子在背诵诗歌或者课文的时候，总是很费劲。妈妈想着是不是方法不对，便开始留意身边的孩子是怎么背诵的。她发现有的孩子看书的时候经常念出声，背诵课文或者数学概念的时候也会喊出声音。妈妈觉得这个方法不错，可以防止孩子思想开小差，便建议自己孩子也这么做。可是，孩子背诵了一下午，连妈妈都记住内容了，他还是不会背。

妈妈纳闷了，怎么回事呢？

我们常说人跟人不同，这就是所谓的个性特点，假如表现在智力活动中，即使同样面对一个不起眼的背诵任务，也会呈现出不同的特点。

孩子的不同学习特点和路径

1. 视觉型学习者

小明是三年级的小学生，虽然已经认识了很多字，但还是喜欢图文并茂的书籍，做数学应用题的时候喜欢通过画图表来判断。小明语言表达能力很强，日常生活中的小事到了他嘴里，也会被描述得栩栩如生。有一次，他描述在朋友家里见到的一只小兔子时说："雪白的毛像棉花一样，我忍不住伸手，要摸一摸有多软，可是，它一转身逃进了窝里。"

不过，在与人沟通的时候他总是慢半拍，仿佛听不懂别人在说什么，经常会问："你说什么？""再说一遍好吗？我没听清！"

小明就是典型的视觉型学习者。这类孩子观察力比较强，能够迅速地根据观察到的信息进行记忆和思维，面对比较枯燥的文字，也能够转换成图像或者直观的图表、图例等，使得条件和问题之间的关系清楚呈现。

这类学习者善于观察，能够快速地辨别出形近字、数字，在写作业或者考试的时候，较少出现看错数字或写错字的情况。因为记得住字形，即使是那些没有学过的字词，在看到的时候也能够猜测出意思。

2. 听觉型学习者

董浩是四年级的小学生，他平时学习的时候喜欢读出声音，学英语时，他会一边听一边跟读，把要学的内容记住。

董浩属于听觉型学习者。这类孩子通过听讲、朗读、歌曲、诗歌、广播等听觉刺激来学习，他们对语言、声响、音乐的接受力和理解力较强，所以，即使他们正在做自己的事情，也能听到身边人在说什么。这类孩子即使在做数学题的时候，嘴里也念念有词，即使在考场上不让出声的情况下，他们的嘴唇也在动，他们已经习惯了念给自己听。

这类孩子的这种行为，不能算坏毛病，因为只有这样他们的学习效果才会更好。

3. 动觉型学习者

动觉型学习者偏好通过亲身操作、参与活动等方式进行学习。比如，在听课或阅读时会不停地记笔记、做框架图，或勾勾画画，或做批注等。总之，动手操作是其接收信息的重要方式。因此，他们喜欢接触、操作物体，对自己能够动手参与的认知活动较感兴趣。

以上是几种常见的学习偏好，有些孩子也表现为复合型特点。当父母了解不同的孩子有不同的特点后，首先要尊重孩子，帮助孩子充分利用感觉特长，同时也不要放弃对其他感觉通道的使用，以促使孩子的感觉能力得到全面提升。

很显然，选择适宜孩子感觉偏好的方式学习，学习效率会更高。当孩子学习效率不高的时候，可以借鉴一下其他同学的学习方式，但是再好的学习方法如果不适合自己的孩子，都无法产生好的效果。

选择孩子偏好的方式提升学习效率

1. 尊重孩子的学习方式偏好

不管孩子是哪种感觉通道偏好，对学习来讲都是有利的，家长首先要尊重孩子的认知偏好。

既然视觉型学习者的典型特征就是通过接受视觉刺激而学习，那么，就要培养他们通过图片、图表、演示等形式进行学习的习惯。这样会让孩子觉得学习是一件轻松的事情，让他们对学习充满信心，不觉得辛苦。

听觉型孩子更喜欢声音带来的刺激，父母要支持孩子发出声音以帮助记忆，可以多朗读、多听一些学习材料。

动觉型孩子喜欢操作，行动力比较强。当这类孩子在家里做一些小制作的时候，父母要多多给予支持，同时，也要支持孩子用实验来验证他们在课堂上学到的知识。

2. 发展孩子的多种感觉通道

在学习过程中，如果遵从感觉通道的偏好来学习，视觉型孩子的视觉能力会越来越强，听觉型孩子的听觉能力会越来越强，动觉型孩子的动手能力会越来越强。虽然运用自己所偏好的认知方式来学习是一种快速的学习方式，但能够充分调动多种感官与认知方式来学习才最高效。

所以，我们要锻炼视觉型孩子的听觉能力、动手能力，锻炼听觉型孩子的视觉能力、动手能力，锻炼动觉型孩子的视觉能力、听觉能力。这样，孩子在学习过程中才能实现多种感官一起运用。比如，上课的时候，视觉型孩子就不会仅仅集中注意力看，还能集中注意力听；听觉型孩子就不会仅仅听，还能够专心地看板书，在听懂的基础上也知道该怎么写。

预习是学习主动性的起点

如果老师当天所讲内容，当场就出题目，要求应用当堂所学知识来解答，孩子不会做，或者放学回家做练习的时候无法完成，说明什么问题？说明孩子没有听懂或者没有完全消化老师讲的内容。此时，虽然采用复习的方法能够弥补，但是听懂讲课内容才能提高学习效率。

那么，如何让孩子跟上老师讲课的节奏呢？首选方法就是预习。上课前，如果孩子已熟悉所讲的内容，大脑对新知识已有初步的认识，听讲的时候会理解得更加深刻。

预习不仅是对下一堂课的准备，更是一种高品质的学习过程，能够提升并促进孩子的思维发展，提高学习效率，促进孩子形成主动学习的品质。一个懂得在学习上充分准备的孩子，会是一个学习和生活的有心人，会把事情想在前头，做事更富有理性。正所谓"凡事预则立，不预则废"。

要培养小学生学习的主动性，预习是一个很好的途径。试想，当一个孩子想到要预习以及预习什么，就有了学习目标；在筹划和安排预习时，孩子被知识引领，感受到了知识的魅力，增强了学习动力。预习的过程也是一个寻找疑问的过程。

朱熹曾说："学贵有疑，小疑则小进，大疑则大进。"在预习的过程中，孩子要主动思考，联系已经学过的知识，发现对新知识存在的疑问和不懂的内容，打通知识脉络，激发出更强烈的学习热情。

当孩子懂得预习的时候，上课听讲时会更加上心，对是否掌握了所学知识会更在意，更能主动学习。

那么，小学生该如何预习呢？

1. 通读课本

不管是语文还是数学，所学的内容都在课本上，课本是根据孩子的思维水平研究编撰的，非常利于孩子理解，所以，预习的时候要通读课本，知道第二天要讲的内容是什么。父母要告诉孩子，读的时候一定要认真仔细，不能走马观花，除了正文，还要看看插图以及插图下面的图注等，一边读一边理解。

如果孩子提出问题，父母最好采用启发的方式，让孩子自己去探索问题的答案。

小学生的自觉性比较差，可能通读完课文就不知道该干什么了。此时，家长可以提问："语文下节课要讲哪篇课文啊？那篇课文主要讲什么内容啊？""数学要讲什么呢？你看懂了吗？"家长提问，孩子来回答，就是帮助孩子理解预习的内容，并学会如何预习。

2. 标注重难点

小学阶段的知识虽然比较简单，但是也会有孩子看不懂的地方。父母要指导孩子把看不懂的内容记录在本上，或者在书上标注出来，以便在老师讲课的时候注意听讲。值得一提的是，有一种笔迹较粗的彩色笔，很多孩子喜欢用它来勾画重点，实际上，这种笔并不适合用来在预习过程中标注有疑问、有难度的地方。预习的时候最好用铅笔勾画，因为这些疑问会通过课堂学习搞明白，弄懂后就可以擦掉，以免在复习的时候被误导。

3. 做课后习题

对小学高年级的孩子来说，在预习的时候，除了对即将学习的内容通读、理解外，家长还可以鼓励孩子做课后习题，只要求孩子看看能不能看明白，能不能找到大致的解题思路。不要强迫孩子一笔一画写出整个解题过程，否则不仅会增加孩子的学习负担，还会破坏预习的热情。

4. 预习后再回想

父母可以引导孩子，在预习结束后，把看过并初步理解的内容再回想一遍，问问自己：本节（或本课）共讲了哪几个问题，主要思路是什么，还有哪几个问题不清楚，哪些是新知识，与新知识有关的旧知识是什么，等等。回想一遍，可以加深对预习内容的记忆，上课听讲时印象会更深刻。

愿意、敢于讨论所学知识

有一位朋友，女儿今年10岁，读四年级。开学前，女儿在预习课本的时候，发现里面有一篇描写石油大王哈默的文章，妈妈觉得哈默这个人对孩子的成长有很强的指引作用，就给女儿买了一本名人传记《哈默》。女儿读得津津有味，还经常和妈妈讨论书中的一些情节。

妈妈问女儿："你们班同学有喜欢这本书的吗？要是大家一起读，然后一起讨论，看看哈默身上有哪些闪光的品质，一定会很有意义！"

女儿很兴奋地听从了妈妈的建议。大概几个月后，读过这本书的孩子在家里展开了一场激烈的讨论会，他们讨论的主题是"哈默一边读书一边做生意，好不好呢"？听着孩子们你一言我一语地提出自己的论点，有的说"不好，耽误学习了"，有的说"好，有钱花了"，有的说"在外边工作，让父母担心了"……孩子们各抒己见，并竭力让自己的观点站住脚！

令妈妈吃惊的是，最后，大家几乎一致认为"一边上学一边赚些钱花还是不错的！如果不出去赚钱，就要更加努力学习"。最后，孩子们还总结出了获得成功的哈默身上具有的品质：睿智、顽强、努力、好学、不上网、不贪玩、不怕苦！

孩子们觉得这么读书很有意思，就把这种读书、讨论的方式固定了下来，一个月举行一次。为了使得自己在讨论中有话可说，孩子们读书的时候分外认真，有的孩子还做了读书笔记，这大大提升了孩子们的表达能力和思维品质。

现实生活中，我们经常看到几个孩子在一起讨论题目，解决问题。其间，我们会发现，有的孩子几乎不参加辩论会，连小小的讨论他们也避之唯恐不及。这种低参与度，很可能反映了孩子对学习的不自信。

辩论的过程中，能通过思维的碰撞锻炼思维能力，特别是批判性思维能力，它使得孩子更"善断"。

当下，关于成功智力的相关研究认为，成功智力包括分析性智力、创造性智力、实践性智力。分析性智力涉及解决问题和判定思维成果的质量，强调比较、判断、评估等分析思维能力；创造性智力涉及发现、创造、想象和假设等创造思维能力；实践性智力涉及解决实际生活中问题的能力，包括使用、运用及应用知识的能力。

争论时，当自己所记忆的材料或讲述的观点被大家承认、接受甚至赞许时，心里会有一种欣慰感、快乐感，大脑会兴奋起来，使记忆力增强，能更有效地记住已掌握的知识；当自己记忆的材料或讲述的观点被人反驳时，会感到吃惊，当别人记住的或说出来的内容是正确的，便会如有所悟、茅塞顿开，这会成为新的刺激，促使大脑变得兴奋，让记忆力增强，更加有效地记住知识。

合作学习能够促进理解和记忆，还能提升孩子的创新能力。在合作学习的过程中，学习者相互之间需要交流，在交流的过程中要听、要说，这就是一个辅助记忆的过程，也许还能碰撞出新的解题方法，整合出新的观点。

著名文学家、剧作家萧伯纳说："如果你有一个苹果，我有一个苹果，彼此交换，我们每人仍然只有一个苹果；如果你有一种思想，我有一种思想，彼此交换，我们每个人就有了两种思想，甚至多于两种思想。"在学习上，离孩子最近的合作者就是同桌，遇到不理解的内容、拿不准的答案，两个人可以互相商量，这就是一种合作学习，有利于强化学习成果。

记忆上的自信源于对的记忆方法

当孩子学了很长时间还记不住知识点的时候,有的父母会着急,情绪控制力差的父母,会忍不住喊出声:"你怎么这么笨呢?"这么说对孩子的自信心打击很大,而且,孩子是否聪明,不能简单地用能不能快速记住知识点为标准,这只说明孩子还不懂得如何记忆。

当孩子学了一个知识点后,即使当时理解或记住了,并不代表真的记住了。此时,如果有人让其复述,他可能一点儿都想不起来,或者回答得不全面。因为人脑有记忆功能,也有遗忘功能。当信息在工作记忆中的时候,如果没有不断地被激活或者进入长时记忆,就会被遗忘。

记忆可以说是学习的结果,如果记不住,相当于学习任务没有完成,因为那些记不住的知识点在应用的时候也不能从大脑中被正常地提取,因而不会做题,更不可能顺利地通过考试。

记忆是运用旧知识理解和运用新知识的前提。但是,眼下很多孩子都存在对学过的知识记不住的情况。孩子记不住知识，关键在于不懂得如何记忆。那些还不懂得讲究记忆策略的孩子，父母有必要进行辅导，具体有以下几条建议。

1. 及时复习巩固

这指的是在知识点没有被遗忘之前进行重复记忆，使得内容保存在工作记忆中，并形成长时记忆。

可以参照艾宾浩斯遗忘曲线进行记忆的巩固。心理学家艾宾浩斯经研究发现，一个人学到的新知识 1 小时后只能保留 44%，2 天后只留下 28%，6 天后只剩下 25%。对抗遗忘最好的办法是及时复习。

根据大脑遗忘规律，父母可安排孩子及时复习，比如一般应在当天、两三天后、1 周后、1 个月后、3 个月后……有节奏地复习。

如果孩子没有太多时间不断地对所学的知识进行复习，也可以利用零散的时间。生活中有很多零散的时间，其间，人的大脑很放松，记忆一些短小的内容时会很容易记住，更有利于重复记忆以前的内容。所以，不妨教孩子把学过的短小知识点制作成随身字卡，利用上学、等车等的零碎时间看一看。

利用休息的时间对所学的知识"过电影"也是一种不错的重复方法。所谓"过电影"，就是把学过的某些知识点在脑子里过一遍，以加强记忆。"过电影"可以是在饭后休息、睡前等时间进行，只要是自己觉得合适的时间都可以。

2. 寻找关键词

有时候，有些内容记忆起来比较困难。那么，就可以寻找其中的关键词，把关键词记住之后，再理解整个段落的意思，理解之后再让孩子记忆会更容易。

举个简单的例子，有个孩子要记忆一段话：城市空间以旧城为中心向四周扩展，兴建了许多新区，还建设了一批卫星城和由环路和放射路组成的快速路系统，将城区各个部分以及城区和郊区连在一起。这句话很难记忆，不用说小学生，就是中学生记忆起来也比较难。可是，这个孩子先找到了其中的关键词——旧城、新区、卫星城、环路、放射路、快速路系统，并按照次序理解并记忆下来，初次记住之后，再不断地重复，最终才能记得牢固。

3. 骨架记忆法

面对一段文字，要孩子一下子背下来并不容易，这时，可以让孩子先记住大致内容，然后逐一记忆每一个细节，由粗到细地进行记忆。这样逐步分解、减少难度，会增强学生的自信心，有助于提高记忆效果。

4. 化大为小

当孩子觉得记忆任务很重的时候，家长不妨教孩子把任务分成几个部分来完成，这样有利于建立信心。比如，背诵课文的时候，家长可以教孩子把要背的课文分成若干段，每一大段里又可分为若干小段。如此这般，原本一大篇的课文化为若干小篇，若干小篇又化为若干小段，一小段一小段地去记就没那么困难了。

最为重要的是，每当孩子记住一小段的时候，便会被成功后的满足感所激励，对接下来的内容记忆起来更加充满信心，而信心就是力量。

5. 应用所学的知识帮助记忆

家长应引导孩子把所学的知识应用到实践中，一方面有助于巩固对知识的理解和记忆，另一方面能检验孩子是否真正掌握了知识。

有的家长觉得应用知识的机会比较少，其实生活中到处都有，比如，购物的时候可以让孩子算账，家里装修的时候可以让孩子计算面积，让孩子写游记、种植花草，等等，这都是应用知识的机会。

电子屏幕太"霸道",会消磨孩子的学习意志

如何让孩子在面对学习任务、玩、看电视、看手机、看电脑等几项活动时,把学习放在第一位?如何让孩子按已经制订的学习任务和计划,自觉地执行,不会因为玩或看电子屏幕而耽误学习?即使会看电子屏幕,也是按照规定,到时间就关掉?

美国当代著名心理学家班杜拉在研究中发现,年幼的儿童常常会模仿电影中的攻击行为,大量的媒体,尤其是电视、电影成了孩子攻击性行为的模仿来源。在塑造儿童行为与社会态度上,媒体有着重要的影响,家长、教师及其他传统角色所发挥的榜样作用所占的比重越来越小。

对于价值观尚处于形成阶段、道德判断力还不是很强的孩子来讲,负面人物那种酷酷的外形和行为被模仿的概率很大。

相比于电视、电脑,手机更富有吸引力,内容也更加丰富多彩。相较于看图像,手机游戏对孩子更富有吸引力,孩子受到的负面影响更大,消

耗的时间也更多。

那么,父母应该怎么做呢?

1. 严格限制时间

孩子可以看电视、电脑,但应尽早立规矩,并严格执行。7岁以前,儿童连续看电视不要超过半小时;7～9岁,不要超过1小时;10～12岁,不要超过1.5小时;13～15岁,不要超过2小时。由此推算,孩子看手机、玩电子游戏的时间也不能超过这样的限制。

当然,即使允许孩子看很长时间电视,大人也要限制所看的内容,选择的内容应适合孩子看。比如,"中央电视台科教频道""少儿频道""法制频道"等平台内容,以及有教育意义的少儿节目、动画片、风景片、体育节目、经典名著改编的电视剧、时事新闻等。这些把世界各地美丽的风光、宇宙的浩瀚、历史的神秘、人类的发展、生物的进化等展现出来的节目内容,能够拓宽孩子的视野。

2. 丰富孩子开拓视野的途径

生活中,有的人从来没有见过老虎、豹、蛇等动物,但是如果有一天见到了,会非常害怕。既然没见过,怎么会害怕呢?因为人们通过读书、看电视、学习等方式了解到,这些动物对人有攻击性,会伤害人,所以见了就本能感到害怕。

如果父母想让孩子保持旺盛的好奇心,获取更多的知识,可以多选择几种方式。比如，和孩子一起读书、看报，带孩子去博物馆、展览馆听讲座，和孩子一起去自然界观察和探索，带孩子去旅游，等等。

最好在出发前做一些规划，根据目的地的人文地理特点，对孩子进行相关知识点的渗透，将旅行和知识学习融合在一起。

旅途中可以带着纸牌。一副纸牌不仅方便随身携带，而且能提供多种玩法和乐趣。可以与朋友、同学、小伙伴聊天、辩论，以及参与讨论，一起研究某个课题，一起学习有趣的东西。不管是新乐器、新手艺、跳舞，还是新的运动。在这些活动中，开拓视野，学习新的知识。

3. 别把电子屏幕作为强化物

有的家长为了暂时让孩子完成眼前不喜欢的事情或者比较犯难的事情，会把电视、手机、电脑等作为强化物。"你先写作业，作业写好了，就可以看电视了。""练半小时钢琴，然后玩半小时手机。""这次考试成绩不错，奖励你玩游戏！"家长应记住，在鼓励孩子的时候，看电子屏幕、玩手机等不能作为强化物，以免让孩子觉得这属于正确行为。

4. 不要用电子屏幕来解闷

假期里，当孩子百无聊赖的时候，如果父母没有时间陪伴，就会让孩子看电视，结果反而导致孩子活动更加单一，思维也可能变得迟缓。这是因为，看电视或者玩游戏不但无法满足孩子的情感需求，还会加剧他们内心的空虚，使得他们更加烦躁，对思维和行动的发展都无益。

主动避免记忆的"舌尖现象"

"舌尖现象"常常发生在复习备考过程中,也就是明明已经复习了,可是一到考试却答不上来。这是怎么回事呢?这就是心理学上一个非常经典的"舌尖现象"。有研究者将"舌尖现象"描述为"一个人有自己知道一些信息的感觉,却没有回忆出来而感到记忆被阻碍"。

很多人虽然觉察到了一些不利于自身发展或者让自己的生活变得别扭的情况,但是因为了解得不彻底,所以,也没想出好的解决方法,问题仍然存在,仍然影响学习和生活。我们对"舌尖现象"的认识就是,虽然很多人受其困扰,但是又没有深究过原因,以至于并不会想办法预防和解决,依然为其所累。

心理学上有个经典的名词叫作知晓感,即相信某个信息能从记忆中被提取出来,但当下又提取不出来的一种心理状态,它发生在记忆提取失败时。

记忆的过程包括编码、储存和提取三个环节。

长时记忆之所以保存时间长,是因为其所存储的全部知识是一个有秩序、有组织的统一体,使人们有可能比较迅速地通过多种渠道从大量的长时记忆中提取相关知识。所以,在识记时把当前材料和过去的知识联系得越多,之后回忆起来就越容易。

但是,并不是所有的长时记忆都能被随时提取,要让长时记忆变成长期记忆,还需要进一步努力。可见,为了避免"舌尖现象",在孩子学习过程中,要注重对所学内容进行深入理解和记忆。

1. 教孩子把知识系统化

如果孩子在日常学习和复习过程中注重对记忆内容进行有意义的理解和分析联想,注重学习材料之间的关联性,考试时就会避免发生"舌尖现象"了。

为了让知识之间保持联系,而不是孤立地存在,父母可以教会孩子把新的概念、新的原理纳入已有知识系统,一旦将其纳入知识系统之中,成为其中的一部分时,新旧知识就建立了必然的联系。这种联系一旦建立,就很难忘记,因为新知识和已有知识系统之间产生了相关的联结。

2. 注重对知识的理解

当我们进行机械记忆的时候,有些知识常常会孤立地存在于大脑里,很容易被遗忘。但是,如果我们在理解的基础上进行记忆,就不容易忘记。

艾宾浩斯通过实验发现，记住 12 个无意义音节，平均需要重复 16.5 次；记住 36 个无意义音节，需要重复 54 次；而记忆 6 首诗中的 480 个音节，平均只需要重复 8 次！

这个实验告诉我们，对那些已经理解的知识，人们能够记得迅速、全面而牢固。在记忆的时候理解得越透彻，记忆效果越好，遗忘得也越慢，所以，只是死记硬背却不理解就很容易遗忘。理解是背诵的基础，比如，对于要背诵的文章，首先应尽量深刻地理解其意义，在这个基础上再去背诵。

3. 经常复习，巩固记忆

父母要提醒孩子，有时已经记住的知识也会被忘记，因为人脑有遗忘的功能。所以，在理解知识、记住知识的基础上，仍要勤于复习、重复训练，才不会忘记。

俄国教育家乌申斯基曾经说过："不要等墙倒塌了再来造墙。"学习也一样，不要等忘干净了再去巩固记忆。既然人脑的遗忘有一定的规律，那么在遗忘前进行复习，就能避免遗忘。在知识刚学完时记忆往往不牢固，遗忘得较快，所以，学习之后要立即复习，加强记忆。

第 4 章

利用写作业培养孩子的学习主动性

写作业是一种纯粹的孩子个人的行为,体现着他们对学习行为的认知。为了让孩子能够积极、高效地完成作业,在小学阶段,特别是低年级,父母要引导孩子在写作业的过程中发挥主动性。

如何杜绝孩子写作业时玩电子产品

冰冰写作业的时候，看了一下手机，妈妈已经规定过不可以这样，可是，冰冰还是在妈妈眼皮子底下看了。妈妈问："你写完作业了？"冰冰摇摇头。妈妈说："咱们已经约定过了，写作业的时候不能看手机。"冰冰说："我昨天在奇奇家写作业，奇奇就是一边写一边玩手机，还发了一个朋友圈。"妈妈说："你的意思是发信息不会影响学习？"冰冰听了开始撇嘴。妈妈说："如果他不玩手机，作业质量也会更高。"冰冰又撇撇嘴，心里觉得妈妈事太多了。

随着电子产品的普及，手机、电脑等越来越广泛地参与到学生的学习过程中，比如，查阅资料、一对一人机学习等，孩子们必定会更加频繁地使用手机、电脑等。当然，除了学习，孩子们还喜欢看动画片、玩游戏、看短视频等。那么，如果孩子一边写作业一边看电子产品，结果会怎么样呢？

如果在写作业的时候把电子产品放在手边，非常不利于孩子学习。有研究显示，在 8～18 岁年龄段的学生中，有约 1/3 的学生边写作业边使用电子产品，就如同进行多重任务处理。那么，孩子究竟可不可以这么做呢？能不能一边写作业一边做其他事呢？答案是否定的。接下来讲一讲为什么不可以。

为什么不能边写作业边玩手机

1. 多重任务处理更浪费时间

研究显示，即使一个孩子擅长进行多重任务处理，也会影响到他的学习表现。在写作业时做其他事，可能要花 4 倍多的时间才能完成作业。

这个道理比较容易理解。即使是成人，如果一边写文章一边看电视剧，不论多么擅长写作，在这种情况下写出来的文章都不会比一心一意写出来的文章更精彩，而且总会有一种无法达到理想效果的遗憾。

为什么会这样呢？因为人的注意力是有限的。孩子也一样，当有限注意力被分散，就会导致注意力下降。写作业需要高度集中精力，才能确保高效、准确，一边写作业一边玩电子产品，会延长写作业的时间，这是一件非常浪费时间的事。

有时，孩子的一部分作业要以多媒体完成，比如，录制视频、音频等，有时要利用电脑查阅资料，此时，父母可以要求孩子把其他学习任务完成之后，再完成此项。

2. 学习的时候玩电子产品影响效率

人的注意具有选择性。人脑讲究"经济型原则",如果一边学习一边玩电子产品,在两种脑力活动中,需要消耗较少的脑力资源就能完成的一定是玩电子产品。所以,孩子不自觉地花在电子产品上的时间就多了,而花在较费脑力的学习上的时间就少了。

从这个角度看,孩子的成绩越差学习越费劲,在学习时玩电子产品对学习的不良影响越大;而成绩较好的孩子,由于需要付出相对较少的脑力就能完成学习任务,电子产品的侵占有限,所以,受到的影响看起来不大。

那么,当孩子写作业的时候,父母该怎么做才不会让孩子被电子产品所影响呢?

引导孩子不受电子产品的影响

1. 尊重孩子的意见

如果孩子坚持要求把电子产品放在手边,而且保证不会边写作业边玩,父母可以答应,毕竟这是表达对孩子信任的机会,也更能锻炼孩子的自制力。当然,如果孩子做不到专心写作业,仍然一边写作业一边偷偷瞄手机或电脑,父母就可以坚决地把电子产品收回,让孩子明白,电子产品绝不能影响学习。

当孩子养成专心致志写作业的习惯后，即使把手机放到书桌上，他们也不会一边写作业一边玩手机，到那时，父母就没必要视手机为"洪水猛兽"。把手机锁到柜子里反而可能激发孩子对手机更加强烈的好奇心，倒不如跟其他物品一样，大大方方地将其摆在孩子常见的位置。

2. 严格要求孩子

如果孩子一接触电子产品，不管是手机还是电脑，都玩起来不住手，就不要再让孩子使用，遇到不会的内容可以查阅非网络工具书。此时，只有父母的态度坚决，对孩子才有威慑力。

孩子所学的知识，绝大部分可以通过参考书释疑解惑，除了相关科目的辅导课本、辅导资料外，家里常备的工具书可以包括字典、词典、百科全书、年鉴、手册等。这些基本上能满足孩子查阅相关资料的需要。

有一些必须通过网络查阅的知识，父母可以和孩子一起查，或者父母帮助孩子查阅。此时，只有严格要求孩子，才有助于其养成良好的学习习惯，而不至于沉迷网络。

有些学习任务如果必须要用到手机或者电脑，比如，高年级的孩子要求做 PPT 时，这类作业可以排在后面做，可以把其他的作业做完后再完成。

敢于挑战复杂题目的勇气从哪里来

曾经听一位家长讲过这样一件事情：自己的女儿在读二年级的时候，学习了一篇课文，叫作《日月潭》。老师留了任务，让大家回家预习课文，查阅资料，然后绘制一张关于我国台湾地区的思维导图。很显然，这位老师想通过让孩子们自己绘制思维导图的方式去了解台湾。

老师还为大家提示了需要了解的相关内容。比如：看看台湾岛面积有多大？有多少人口？语言文化特色？有什么著名的景点？气候状况？有什么著名的小吃？几月份去旅游更适合？试着画一画当地的地形图，为什么说台湾是中国大陆不可分割的一部分？试着用一张图概括一下……

结果这个孩子觉得老师交代的任务并不是作业，就一项都没有做。第二天上课的时候，老师请同学们谈谈对台湾的认识，轮到这个孩子讲时，她站起来一脸茫然，不知道该说什么。而其他大部分同学都做了充足的准备，讲得也很精彩，还绘制出了漂亮的思维导图。

最后，老师说："我布置的思维导图作业，可能比平时的作业复杂一些，完成起来比较有难度，需要花费更多的精力。但是，你们是不是觉得，这个学习的过程也很有趣?"同学们点点头。老师接着说:"我相信,接下来我们学习课文的时候,大家会觉得更加有趣!"

让孩子做太难的题目会让其产生挫败感,打击其自信心,不利于形成积极的自我认知,所以,很多老师给孩子布置作业的时候,为了增强他们的学习热情,即使任务稍有点儿复杂,也会尽量保证孩子们能完成。

研究表明,最能激发学习兴趣且对学生学业最有帮助的,是那些虽富有挑战性但又不至于让学生感觉束手无策的任务。这样的任务要用到更多的知识、花费更多的时间,需要深层次的精细加工思维和问题解决策略,学习结果也各有不同。所以,孩子要想进步快,就要多做复杂的题目。

1. 复杂题目——提升学习能力的利器

有一个著名的温水煮青蛙的实验,很多人对于那只在水温的微微变化中逐渐失去警觉性的青蛙印象深刻,内心也产生了应有的警戒,即时间或者数量积累到一定程度后会导致质的变化,虽然这种变化具有一定的隐蔽性,造成的结果却十分惊人。

如果孩子在做题的时候,总是限于知识点比较单一、内容比较简单的题目,那么,当遇到复杂题目的时候,就不知道该怎么做了。

学习如登山,山越高越需要信心和勇气。征服难题,有利于培养孩子在学习上的无畏精神,为了让孩子更好地学习知识,要培养他们敢于挑战复杂题目的勇气。一道复杂的题目里往往涉及多个知识点,练习复杂题目的过程也让是孩子熟悉更多知识点的过程。

知识的大厦是从简单到复杂构筑起来的，孩子需要先掌握概念、法则、定理等基本知识，在此基础上，再做一些简单的题目来巩固基础知识，然后做复杂的题目。

在解决复杂题目的过程中，需要综合运用多个知识点，并寻找知识点之间的联系，才能解决问题。所以，做复杂题目能大大锻炼和提升孩子的思维能力、记忆能力以及对知识的运用能力。

2. 不急不躁，练习复杂题目

在各种考试中，大题，也就是比较复杂的题目，一般分值都很高。考试是检验学习效果的重要方式，复杂题目是必考内容，一定要多练习，才能拿到高分。

在一项针对学生做复杂数学题目的调查研究中，结论显示，某校90%的同学能够熟练掌握常用知识点；92%的同学在做解答题之前没有分解知识点，挖掘隐含条件的习惯；94%的同学没有养成寻找知识点与具体题目之间联系的学习习惯；虽已掌握知识点，但不会运用到具体题目中的同学比例也很高。

学生为什么没有养成分解知识点的习惯？为什么没有建立知识点与具体题目之间联系的意识？通过调查发现，这是因为大多数孩子没有接受过有意识的辅导和练习。

在第一次做复杂题目时，孩子可能会抓狂，这时，父母要给予适当的点拨，引导他们不急不躁，一步一步来。比如一道数学题，可以先处理好单一的情境、过程和数量问题，再寻找综合的数量关系、逻辑关系和内在联系。当经历一次又一次的练习，当孩子找到方法后，就敢于挑战复杂题目了。

学习是一个不断自我提升的过程。虽然不同的题目有不同的解题方法，但当孩子掌握了基本的套路后，自然而然就会懂得灵活而变通地去寻找知识点与具体题目之间的联系，再根据具体条件分析问题、解决问题。

在恰当的时候，如果父母能够进行提示，会对孩子产生很强的推动力。

能确定作业的优先顺序

牛牛学习完分数的知识后,妈妈发现,他每次写作业都把分数这部分内容放在最后写,等所有作业都写完了,才写这部分。

妈妈猜想,可能是牛牛还没有把这部分知识掌握透,所以存在畏难心理。当她翻开牛牛的作业本时发现了一个问题:牛牛在做分数的减法的时候,虽然通分时分母变了,分子却没有做相应的改变,而是直接用原来的分子做加减,这么做,得出来的结果当然是错误的!

妈妈耐心地给他讲了几次后,牛牛偶尔还是会做错。妈妈也茫然了。

当孩子在学习中有类似"错得多"的题目时,每次写作业时一定要先写这部分,而且要多花时间去检查,确定没有循着错误的路子解题后,再做其他题目。这部分为什么要被特殊对待呢?

心理学上有个著名的"锚定效应"。"锚定效应"指的是人们在对某人某事做出判断时,易受第一印象或第一信息所支配,就像沉入海底的锚一样,把人的思想固定在某处或某一点上。

孩子在学习中也会受到"锚定效应"的影响。比如,当孩子面对一道数学题时,第一次做错了,第二次还很容易犯相同的错误;当写一个词语时,其中的某个字第一次写成了错别字,第二次还可能犯同样的错误;当读错了一个字时,如果没有及时地改变,第二次还会读错。

学习没有不出错的,如何少出错、不出错,才是避免出现"锚定效应"的关键,具体该怎么做呢?

1. 认真审题

做作业最关键的一步就是审题,如果连题目都理解错了,答案一定是错的。审好题是迅速、正确解题的基础,有的孩子不能正确解题,就是因为审题不准确、不仔细,看错了条件或者理解错题意。

写作业时,父母要耐心告诉孩子一些解题的基本要诀,比如,仔细看一遍题目、搞懂题目的意思、找到题目里面隐含的条件、看清要解决的问题等。

在做题前,父母应提示孩子,审题时一定要看清题目,真正做到审题仔细而不粗心、全面而不缺漏、准确而不失误。

父母可以偶尔检查一下孩子是否会审题。比如问问孩子,题目所给的条件有什么限制,有什么要求,需要联系的知识点有哪些。这样可以判断孩子在审题时是否弄清楚了题目的含义。

在审题的过程中,孩子就需要考虑好解题思路、方法和步骤。家长检查的时候,可以问问孩子,题目中的已知条件和未知条件分别是什么?各个条件之间有什么联系？打算怎么解答这道题目？具体方法是什么？步骤大致是什么？如果在解题前孩子能够回答这些问题，说明孩子已经明白了题意，也懂得了该怎么做。

2. 解题过程要仔细、专心

人们常说，慢审题、快答题。有很多孩子还在审题的阶段，解题方法就已在大脑中了。这时，不要急着下笔，要把解题的思路、步骤和方法在大脑中快速过一遍，加深印象，一是避免出现落笔的过程中思路中断的情况，二是可以避免改来改去、勾勾抹抹，让答案看起来不美观。

一旦构思好，就要集中精力去做。要告诉孩子，千万不要写着写着就停下笔去做别的事，这样不但拖延时间，还会中断解题思路。

3. 做完题目要仔细检查

由于对知识点掌握得不够牢固，或者解题方法不正确，做题时难免出错。为了少出错，做完题目要仔细检查。

检查是保障作业质量的重要方式，也是在未来考场实战中保障时间的关键。为了让孩子养成检查作业的习惯，每次写完作业后，要让孩子自问："写完了吗？写对了吗？写好了吗？"

低年级的孩子可能还不会检查作业，父母不妨教孩子几个常用的方法。比如拿一道数学题举例：①逐步检查法，即从审题开始，重新看一遍，按照做题的步骤，一步一步进行检查，看有无错误；②核对法，即把已做出来的答案同参考答案或书上的内容进行对照,看有无错误、遗漏;③代入法,即将结果按条件代入公式倒着推导回去,看是否正确。

不同的学科作业有不同的检查方法,一个认真学习的孩子,总能在不断的实战经验中摸索、归纳和总结出具体可行的方法。

改变作业写得慢，不急不催巧强化

老师出了一道作文题，要求学生在规定的时间内完成构思和写作，有个孩子完成得很不理想，至少妈妈这么认为。孩子写的是一篇小短文，文字干枯，内容空洞，字数也不多，让人看不出真正的内容是什么。作文怎么可以这样写？孩子说："我还没写完就到时间了。"

妈妈了解自己的儿子，他就是这么"慢半拍"。早晨起床，闹钟响了，过了十分钟后，妈妈看到的还是半眯着眼睛一边打着呵欠一边摸索着穿衣服的孩子，动作就像电视里的慢镜头一样，穿完衣服还以同样的节奏整理床铺。

别人几分钟就能搞定的事情，他要足足耗费一刻钟，刷牙、洗脸同样动作缓慢，早晨的时间就从来没有够用过，为了吃早餐，不得不把起床的时间提前，导致睡眠也少了。

妈妈担心，如果做什么事都这么慢，再慢下去，他的人生岂不是也比别人"慢半拍"吗？妈妈决定改变孩子，让他快起来。

为了让孩子在规定的时间内完成任务，妈妈要求他每天在半小时内写完一篇习作，字数是 100 字，只要契合主题就可以，其他方面暂不严格要求。

第一天，儿子就愁得哇哇大哭，但是看到妈妈态度坚决，他只能硬着头皮去写。接下来的日子，每天一篇，雷打不动地练习。一段时间后，他终于能够在规定的时间里交出一篇习作了。

妈妈看到孩子的作文有了这么大的转变，对其他科目也有了信心。她觉得，孩子的慢并不是"顽疾"，是可以改变的。为了让孩子做数学题的速度快起来，妈妈每天都让他练习，再把数学课本里的概念背熟，这样孩子做题慢慢变得熟练起来，速度也快了起来。

妈妈还对孩子做其他事情的速度进行了训练，包括起床、吃饭、整理书包等，孩子的动作逐渐地变快了。

面对孩子的慢，这位妈妈并没有直接斥责和埋怨，更没有跟别的孩子比，而是针对孩子的个性特点，积极地寻找办法，提高他做事情的熟练度，在此基础上再提出速度要求。

1. 理解孩子的慢

父母千万不要一看到孩子慢就觉得孩子不用心。孩子在做事和学习时的快慢与他们的认知风格相关。著名心理学家卡根做过一个实验，他对儿童的认知风格进行分类研究，他让孩子们从一组图片中找出与预先设置的图形相同的图片。结果发现，有些儿童反应很快，有些儿童并不急于行动，而是用更多的时间去思考，他因此而对孩子的认知风格进行了分类。

其中一种看起来较"慢"的孩子被称为沉思型认知风格，还有一种是冲动型认知风格。沉思型的孩子做事情很谨慎，面对选择会小心翼翼，所以看起来速度会稍微慢一些，但是不容易出错，行动结果也比较准确；沉思型的孩子在面对选择的时候，能够静下心来思考，不会急躁和慌乱，他们坚信能够找到好方法。在日常生活中，这样的人较沉稳、内心有定力。

在这个讲究效率的时代，孩子学习比别人慢，妈妈怎会不着急？但是，要知道，沉思型的孩子更加小心谨慎，在学习过程中，他们考虑问题更全面，不容易犯低级错误。

不过，过于小心谨慎就会亦步亦趋，影响效率，这也需要改变。这类孩子自己心里有数，如果速度确实慢，可以提前跟他们定好时间，引导他们把握时间。在写作业的时候，家长可以给孩子准备一个小闹钟，让孩子自测做题时间，让孩子心里有数，一旦慢了，他们就会产生一种紧迫感，主动提升速度。

2. 多读、多写，熟能生巧

所谓熟能生巧，就是指写得多了、熟练了，就知道怎么写得更好，怎么写得更快。对于那些做题比较慢的孩子，父母要有意识地锻炼他们的书写能力。小学生的手部肌肉正处于发展阶段，动作控制能力相对较差，因此写字时需要投入更多的时间和精力。

对于做题慢的孩子，父母可以通过满足他们的兴趣或需要来强化他们的高效学习行为。比如，如果孩子喜欢读书，父母可以答应孩子，如果能在规定时间内高质量地完成书写内容，便可以提早进入阅读环节。总之，用鼓励孩子做喜欢的事情强化其不擅长或者做得不够好的事情，可增强孩子将事情做得更好的信心。

为什么反复练习还会出错

阳阳是一名五年级的学生，学习成绩位于班里中上等，每次考试后，看着试卷上面大大的"叉"，妈妈心里都很难过。最让妈妈难过的是，好多题目，即使阳阳今天写对了，明天还可能做错。于是，妈妈买回各种各样的名师习题集，让阳阳每天都认真地做；还给阳阳报了能提分的网课，每天盯着阳阳学习，但是阳阳考试成绩还是不见好转。最后，妈妈出"狠招"了，同一本习题集买回三本，加上不同的版本，一共九本，妈妈觉得，这么大量地做题，成绩总不会没有起色吧！结果，阳阳的学习成绩仍然没有多大变化。

妈妈不理解，这么有强度的练习怎么就不见效果呢？这是一个非常值得探究的问题。

不同孩子的知识储备不一样、对知识的理解能力不同，所以学习过程中要下的功夫也不一样，因为不同的孩子对知识掌握的快慢不在一个水平。

所以，当孩子的试卷上不断地出现大"叉"，父母想要帮忙改变这种状况时，不是要大量重复地做练习，也不是不再做练习，而应采用科学的方法做练习。

1. 充分发挥练习的作用

父母在引导孩子学习的时候，首先要明白，不管是做习题集，还是课本作业或模拟试卷，都是对已学知识的练习和检验，检验的主要是孩子有没有掌握知识，锻炼的是孩子对知识的运用能力，发展的是孩子运用所学知识分析和解决问题的能力。所以，能否熟练记住和运用是检验孩子掌握所学知识的一个标准。

练习是一种利于掌握知识的学习方式。

当下，有很多名师提倡只让孩子做透一本习题集，这样既能减轻孩子的学习任务，又能提升孩子的学习兴趣，提高学习效率。

那么，如何做透一本习题集呢？

既然是做透，就不能单单是做过、练习过那么简单，而要做到真真正正地掌握，即不但了解各种题型，掌握各种题型的解题方法，而且要掌握题目的内涵和外延。

家长可以指导孩子遵循下述方法做透一本习题集。

第一遍，跟着教材进度走。一般是每道题都做，遇到不会做的，先放下，接着往下做，等完成目标任务后，再对所做题目进行评估，找到那些还没有掌握的知识点。对于这些知识点，要对照课本自学，争取掌握。对做错或者不会做的题目，做上记号，作为重点巩固的知识点。

第二遍，选择在小结复习之前，把第一遍没有做对或者没有掌握的知识再做一遍，或者在大脑里过一遍，以巩固记忆。如果还有没做对的题目，就要自己安排时间再巩固记忆一次。

第三遍，小结的时候或者月考的时候，把题目从头做一遍，这一遍要做到每道题都做对。要能够把习题集里的题目和课本上相应的知识点联系起来，并总结出一定的做题规律。

之后再做，就是在期中、期末复习的时候，有计划、有重点地做练习。

2. 把没掌握的旧知识当成新知识学习

有一个心理学实验，把受教育程度高的人的大脑与中等学历的人的大脑进行比较。研究发现，受教育程度高、喜欢挑战思维活动的个体，大脑中总的树突分支的长度比中等学历以下的人要长。

这意味着，一个人在不断学习新的知识，及理解和掌握这些新知识的过程中，大脑的传导能力和信息加工能力会增强，反应会变快，学习的时候会感觉更轻松、高效，会觉得知识更简单，学习自信也会增强。

同理，在学习的过程中，那些知识丰富、学习成绩优异的孩子大脑的反应速度也会更快一些。对于那些成绩稍差的孩子，把没有掌握的知识掌握好，进行有针对性的学习，甚至将没掌握的旧知识当成新知识来学习，是改变学习状态的紧要事情。

所以，当孩子的成绩不理想的时候，就应重点学习旧的知识。这个时候，不仅要通过研究课本努力理解所学知识点，而且要多做课后小练习以及跟踪习题，更好地巩固知识。

不给孩子拖延的机会

很多父母都在为孩子的拖延发愁，眼看着时间一分一秒地过去，孩子仍在肆无忌惮地拖延。难道他们不知道还有好多事情没有做完吗？磨蹭磨蹭就到了快睡觉的时间了。

最令父母头疼的是，孩子似乎每天都这样，到了做作业的时间却不做作业，到了吃饭的时间不吃饭，任凭妈妈一遍又一遍地催，依然玩玩具。有的孩子即便开始做作业，也是一边做一边磨蹭，做得很慢。一到假期就更磨蹭，在家里一会儿摸摸这个，一会儿看看那个，再上一两种兴趣班，等回来的时候，就没有时间学习了。

在妈妈眼里，孩子在学习方面总是有许多任务没有完成，总感觉时间不够用；在孩子眼里，好像没有任何与学习有关的事情要做，他们总是玩得极其投入，对玩充满了热情。

于是，亲子之间不断因为写作业而产生矛盾，大人吼、孩子闹，家庭氛围可想而知。

孩子做事拖拖拉拉不但不利于学习，还不利于其性格发展。一方面会耽误事情、影响学习；另一方面，还会促使他们养成不良的行为习惯以及性格特征，比如，懒惰、退缩、得过且过、不思进取、糊弄等。行为塑造性格，而性格会外化为孩子的行为。

当孩子身上有了消极的性格特征后，在学习上就会表现出懒得动脑筋、不注意听讲、不按时完成作业等，学习效率一定不高。

面对拖拉的孩子，父母该怎么做呢？

美国心理学家弗里德曼和他的助手曾经做过一个非常经典的实验。他们派人随机访问一组家庭主妇，请求把一个小招牌挂在她们家的窗户上，主妇们大都愉快地同意了。

过了一段时间，实验者又请求将一个不太美观的招牌挂在她们家窗户上，她们也大都同意了。后来，实验者又请求这些家庭主妇把一块不仅大而且不太美观的招牌放在院子里，依然有超过半数的家庭主妇同意了。

相对地，心理学家派人随机访问了另一组家庭主妇，直接表示希望将一块不仅大而且不太美观的招牌放在她们的庭院里，这次只有不到20%的主妇答应了。

这说明，一个人一旦最初接受了某种状态，后面就更容易接受更多的要求。说到学习，当孩子的拖延欲第一次得逞，他们下次就会继续拖延，一次又一次，直至拖延到忘记写作业，对此，他们的内心也会坦然接受。此时，作业在他们心中已经失去了分量。所以，对于孩子的拖延，一定要未雨绸缪，尽早干预。

1. 早早准备好：学唱《明日歌》

对于小孩子，尤其是小学低年级的孩子，能让他们痛快接受规矩或者限制，大概率是在他们心情好的时候，因为此时他们能够用心听、用心思考，所以，立规矩可以看孩子的心情。

孩子们多数喜欢儿歌或者诗词，年龄越小越喜欢，当他们在听儿歌的时候，会问妈妈一些问题，比如，"妈妈，柴门是什么意思啊"？"瑶台是什么意思啊"？这时，如果我们耐心解答，孩子懂了，就会产生学会知识的满足感。

孩子对学习诗歌感兴趣，父母可以实施自己的"小伎俩"，可以给孩子灌输时间观念。比如《明日歌》："明日复明日，明日何其多？我生待明日，万事成蹉跎！"比如《偶成》："少年易老学难成，一寸光阴不可轻。未觉池塘春草梦，阶前梧叶已秋声。"在安静的环境下，或者在亲子独处的时光里，妈妈陪孩子背诗句，经常背诵，孩子就会记住，而且会明白其中的含义，即要珍惜时间。

2. 早早锻炼孩子完成任务的能力

孩子往往是在完成许多次任务以后才具备更强的能力，因为有了实战经验，他们对这些事情有了实在的感受，胜任的感觉能促使他们下一步行动。所以，父母最好尽早培养孩子完成一件事情的能力。

举个例子，孩子如果第一天放学后按时做作业，复习所学知识，第二天、第三天也这么做，实然有一天他可能没这么做，而是在父母的催促和提醒下完成的，可能父母心情比较好，并没觉得叮嘱孩子是种负担，可多次后他们发现，不叮嘱，孩子就不知道主动做作业。在这个过程中，父母的提醒或帮助反而强化了孩子对父母的依赖，弱化了他们独立完成作业的信心和能力。

再举个例子，孩子不懂得睡前要收拾好自己的学习用具，此时，如果妈妈帮助收拾，几次以后，妈妈想让孩子自己收拾，孩子会做得很慢，有时还会忘记，时间久了，孩子慢慢就不具备主动收拾东西的意识了。而妈妈觉得孩子自己能完成，就自觉不再帮助孩子，导致孩子开始磨磨蹭蹭。

所以，锻炼孩子主动完成任务的能力一定要趁早。

3. 不要对孩子要求太高

孩子有时做事情会怕做不好，所以迟迟不肯动手。当这种状况出现时，最主要的原因有两方面。

一方面与完美主义有关。与孩子对自己要求太高有关，他们生怕做不好，便不停地往后拖。鉴于孩子不愿意在没有十足把握的情况下去做事，父母不但不要给孩子压力，还要给孩子减压，告诉孩子："对于一个初学者，努力去做就可以了。第一时间完成，不出错误就很好了。"这类孩子的自我管理能力很强，即使在某方面有差距，只要父母提醒到，他们就能记住，也会努力去改正。所以，父母要少说"不好"，多说"好"，多多肯定孩子，避免孩子焦虑。

另一方面与父母要求过高有关。如作业过多、家长管教过严等都可能导致焦虑，孩子为了回避或减少焦虑，就会选择用拖延的方式与父母对抗，把任务留到最后一秒去完成。他们觉得，这样父母就不会给他们安排其他任务了，所以，家长对孩子不要有太高的要求。

4. 针对反抗型拖延，父母要自省

孩子把学习任务拖延到最后时刻完成的快乐，可能是一种对老师或者严厉的父母教育的反抗，他们希望借此发泄自己的愤怒，这体现了孩子内在的追求自由和不受约束的需要。

那些拖延到最后一秒，晚到恰恰可以完成的时刻才开始做的孩子，一旦养成习惯后会经常这么做，因为那种恰好完成的刺激带来的愉悦感，会强化这种行为，使得他们常常去挑战时间底线。

对于这类孩子，父母应该适度放松管教，虽然原则问题不能放松，但日常的学习和生活，应尽可能让孩子自己做主，给他们更多自由选择的机会，免得管教太严让孩子产生反抗。

面对难题，努力的过程就是收获

在学习中，孩子不但能学习各种知识和解决问题的方法，还会形成对学习的认知，产生各种情感，并形成对待学习的态度。所以，这种努力学习的过程本身就是成功。

在学习过程中，每个孩子都会遇到难题，遇到难题时怎么办呢？不同孩子的表现体现了他们对待学习的态度。

有的孩子是这么做的：一不问同学，二不问老师，暂且搁置。理由很充分，老师早晚会讲，老师讲了不就会了吗？有的孩子一看题目，觉得不会后就开始求助，在家里会问父母，在学校问同学或者老师，总之，尽全力把题目解出来。有的孩子很执着，遇到难题，不解出来誓不罢休，思来想去不肯放弃。

在学习过程中遇到难题是常见的事。当遇到难题的时候，一次或者数次的做法决定着下一次孩子对待难题的情感和态度。为什么有的孩子从不怕难题且喜欢挑战难题，而有的孩子一见到难题就畏缩，想都不想就放弃，全在于他们在多次重复后形成的条件反射。

那些从一开始就重视难题、集中全力去解决难题的孩子，大脑都经历了一场对知识的调遣与应用的"大排练"。在这个过程中，要想寻找解题思路，孩子就要读懂题意、看清问题，厘清各已知条件之间的关系，并与所学知识对接。

在这种应用、探索知识的过程中，孩子会获得征服难题后的满足感，这种感觉不断产生，会让他们感到快乐，孩子会逐渐趋向这种征服过程。再遇到难题，不再是放弃，而是努力去完成，即使解答不出来，也会做一番努力。

捷克有一位著名的化学家，叫海罗夫斯基，1959年，他获得了诺贝尔化学奖。海罗夫斯基身上有种特别优秀的品质，那就是善于思考、认真学习。

有一次，海罗夫斯基被老师叫到黑板前做一道题，他做错了，课后老师又布置了同样的作业，他又做错了。放学回家后，海罗夫斯基就开始研究他一再做错的这类题目，到了吃饭的时间还舍不得离开书桌。

好不容易在爸爸妈妈的劝说下来到饭桌前，扒拉了几口饭后，就又去研究他的题目了。妈妈担心儿子这样会影响身体发育，把儿子拽回餐桌吃罢一餐饭后，拉着儿子出去散步。散步回来后，兄弟姐妹们都在花园里玩耍，海罗夫斯基却回到了书桌前。

大家等着海罗夫斯基一起做游戏，可是一个多小时以后，海罗夫斯基还在做题，并没有从房间里出来。急得哥哥想给他讲讲帮他理清思路，海罗夫斯基却不愿意接受哥哥的帮忙，他坚决要自己想办法找到错误的原因，他觉得这样才能真正地掌握知识。

又一个小时过去了，海罗夫斯基开心地向大家宣告，那道题目他终于做出来了！

当一个孩子在学习上有这样的劲头时，任谁都可以预见他以后会取得很好的成绩。

孩子做的题目难度大都与相应年龄段的心智相契合，只要用心思考，寻找方法，做对的成功率很高。其间不仅可以锻炼孩子不达目的不罢休的韧性，而且也可以让孩子认识到，自己是一个能够胜任学习任务的人，从而变得更加自信。

所以，父母要用心辅导孩子，尽早帮助孩子形成积极而努力面对难题的态度。

1. 适当鼓励孩子

当孩子为了解答出一道题目而苦苦思索的时候，父母不要打扰孩子，不管孩子能不能做出来，父母都要鼓励孩子努力的过程。"儿子，刚才好样的，够专注！""题目这道'堡垒'，努力攻克了就没有遗憾，做得不错！"

学习主要仰赖于知识点之间的连接，做题是掌握或者巩固所学知识的一种重要方式。有的题目孩子不可能一看就解出来，需要一个思考的过程，只要孩子努力思考了，不用过于追求结果，因为做题的效果已经达到了。

2. 努力启发孩子

当孩子向父母求助的时候，如果这道题他已经做过，父母就可以提示他好好思考可以做出来。如果确实有难度，可以给孩子讲一道与这个题目相似或者相关的题目，告诉孩子解题的过程。比如，要把题目里的条件和问题结合起来看，跟自己学过的知识、定理，已经积累的解题方法进行对应，然后运用适当的推理方法解决问题。当然，也可以提示孩子翻看课本上的相关知识，因为做作业、做练习的过程，也是巩固新学习的知识点的过程。

总之，面对难题，努力解题的过程就是促进孩子掌握知识的过程，也是主动学习的过程，父母要多多启发孩子去思考。

帮助孩子进入正迁移的良性循环

孩子上学后，父母最初见到的都是爱学习的孩子，放学后书包一放下就开始写作业。有的孩子甚至在回家的路上就跟妈妈说："妈妈，我回家要写作业。"老师让买本子，孩子一进家门就对父母说："老师让买作业本。"即使生病了也要去学校。考试得了 100 分，高兴得都要飞起来。

父母多么期待孩子刚刚入学时候那种爱学习的状态能够一直保持下去，在今后的学习中也积极主动，不让父母操心，甚至成为"学霸"。既如此，父母就要努力一下，保护好孩子上学之初主动学习的状态，懂得学习迁移，将孩子的积极学习方法、所积累的学习策略等不断地抽象为元认知，用以指导将来的学习和问题解决策略。

如果先前学过的知识影响了当前的学习，或者先前问题的解决影响了解决新问题，迁移就发生了。在学习过程中，一种经验的习得对另一种学习起了促进作用的积极影响，被称作正迁移。

在学习过程中，掌握的知识越多，积累的好的学习方法、学习习惯越多，就越积极主动，孩子在此基础上会更上一层楼。其实，这正是一种学习的正迁移过程。

1. 扎实掌握所学知识

新知识的学习有赖于旧知识，新知识又是学习新知识的基础和铺垫。从入学开始，孩子就认真掌握了基础知识，以及阅读、写作、计算、演讲等基本技能，这些知识和技能都可以迁移到其他情境中。

举个例子，孩子在一年级学会的算术，即便只是10以内、20以内的加减法，对于二、三、四年级等的数学计算都是有促进作用的。如果一年级时没学好，后面也没有付出加倍的努力，这部分知识没有掌握牢固，学习策略没有积累起来，孩子的学习就有可能落后。

所以，父母一定要明白，孩子学到的知识，不光是为完成当下的学习需要，也是提前为未来的学习打基础、做准备。

2. 让知识系统化

当孩子学会并理解所学的知识后，就能完成高水平的迁移。如果将新知识与先前的知识和日常经验建立深度的联系，则有助于他们进行学习迁移。

为了让孩子理解知识之间的连续性，父母可以和孩子一起回忆所学内容。比如，语文是按照拼音、生字、词语、句子、课文的顺序学习；数学是先学习数字，再学习10以内的加减法，然后是较大的数的加减法，以及乘法、除法、运算规则等。

父母可以和孩子一起列出知识顺序图，厘清知识之间的联系，试着让孩子说一说不同知识之间是如何产生联系的。引导他们认识，只有先学习的知识掌握了，才能更好地学习后面的知识；同时意识到，在数学学习中会用到语文知识，在语文学习中会用到数学知识。

孩子越能把新旧知识进行各种联结，越能认识到知识之间是相互联系的，就越愿意寻找知识之间的联结，这一过程让知识变得系统化，不仅促进了正迁移，还促进了孩子对旧知识的掌握和对新知识的理解。

第 5 章

尊重孩子的自主性，提高自我管理能力

孩子是学习的主体，要想让他们积极、主动地学习，需要他们具备一定的自我管理能力。自我管理能力越强，越具备主动学习精神。所以，父母与其一味地要求孩子服从，不如教孩子学会自我管理。

父母的高分期待会伤害孩子的学习热情

自从乔乔上了小学,妈妈就不出去工作了,开始全职带孩子,每天接送孩子,辅导学习,照顾一家人的日常起居。她对孩子的学习非常用心。孩子还没入小学,她就开始领着孩子做数学题目、线上线下学英语、背诵古诗词,在她心中,带娃是天大的事情,孩子表现优异就算是她的成就。

可是,事情并没有如她所愿,一二年级时还没看出问题,到了三年级的时候,乔乔各科成绩都没有上 90 分的,写作业速度也比较慢,对此,妈妈很沮丧。为了提高乔乔的成绩,她每天陪着写作业,遇到错题就不停地写,一直写到对为止。妈妈常挂在嘴边的一句话是:"必须每门功课都达到 90 分以上。"每到考试前,妈妈会说得更频繁。

妈妈不停地为乔乔鼓劲,期待他能有进步。有一天,乔乔正在玩小电锯玩具,妈妈赶忙过来没收了锯子说:"走,温习功课去。"乔乔可怜巴巴地放下心爱的玩具,跟妈妈走了。他一边走一边说:"妈妈,我怎么老做题啊,做来做去,我还是不能考高分,我都不想上学了。"听到儿子这么说,妈妈惊呆了，自己放弃工作全心陪伴他学习，他却不想上学了，怎么会这样呢？

很显然，之所以出现这种情况，是妈妈的高期待致使孩子心理压力过大，使得孩子产生了逃避心理。父母对孩子有所期待是一件再正常不过的事情，但是，如果对孩子的期待具体化到分数上，这种期待可能就变成了一种限制。当父母期待的分数远远超过当下孩子的学习水平时，就变成了过度期待，会对孩子造成压力。

对小学生来说，这样的压力足以摧毁他们逐渐建立的学习自信，导致他们对学习失去兴趣。

无论是父母或者孩子，向对方提出过分的要求，某种程度上都是不尊重对方的表现。父母在指导孩子学习时也一样，要想督促孩子学习，不管采用什么方法，尊重孩子都是大前提，要尊重孩子的内心需要。

那么，面对孩子总是考低分的情况，父母怎么引导才算尊重孩子呢？

1. 多鼓励，保持孩子的学习热情

父母都期待孩子对学习保持热情，小学阶段，特别是刚入学的孩子，需要父母帮助其维持学习热情。这个阶段，孩子的学习热情比学习成绩更宝贵，那些虽然提高成绩却伤害孩子情绪的事，父母做了只会导致孩子慢慢远离学习。

以《卡尔·威特的教育》一书而著称于世的大教育家老卡尔·威特曾断言："过度的期待只会毁掉孩子的未来。"他强调："一般的父母总是片面地发展孩子的天赋，且对孩子期望过高，过于挑剔，这样终将招致孩子的厌恨，激发他们的叛逆心理。很多本来是天才的人却沦为平庸，究其原因多是父母施加的压力太大。"

入学以后，大部分孩子表现出来的都是对上学、学习以及校园生活的热情，此时，父母首先要考虑的事情是保持他们的热情。

父母应以一种支持和鼓励的态度面对孩子，不打不骂、不吼不叫，更不拿自己孩子同别的孩子比较。当孩子看到自己的进步后，学习会更有劲头。父母不应因为孩子一两次考试成绩不理想就乱了方寸，简单粗暴地给孩子制定学习目标，要求一段时间后分数就要达到 90 分以上。每次考试的成绩都是对一段时间学习情况的体现，分数高，说明这段时间学习效果好；分数低，说明这段时间学习效果不好。所以，分数低的时候，父母要帮助孩子找到原因，并逐步改变，在这个过程中，孩子能够感受到父母的期待。

2. 让孩子自己做决定

每个人都有自我决定的需要，孩子也一样，虽然他们有很多事情依赖父母，但是也想自己的事情自己做主，期待拥有控制事情发生、发展的能力。学习是孩子自己的事情，如果他们做得不够好，会需要父母的帮助，虽然他们不说，父母也应该知道。

父母最容易犯的一个错误就是认为只要管得严孩子学习成绩就好，恨不得除了吃饭、睡觉，孩子所有时间都在学习，这么做是不科学的，也不符合孩子心理发展的需要，结果只会导致孩子厌学或者学得过死。

学习本来是孩子自己的事情，当成绩不好的时候，孩子会感到难过、沮丧，父母要做的不是唠叨和打骂，而是理解。

父母要正视孩子当下的学习状况和心理，和孩子一起想办法把缺漏的知识补上。在这个过程中，孩子能切身感受到通过努力而掌握知识的快乐，快乐的情感体验会增强孩子后面学习的动力。

如果家长对孩子的期待是适度的，那么家长自身压力也会小一些，家长轻松了，孩子也会放松。在放松的状态下学习，孩子的学习成绩不会不理想。

被父母关心，是"后进生"自我管理的动力

孩子最期待父母的关心。当孩子学习状态不好的时候，在引导的过程中，很多父母都在犯一个错误，那就是关心孩子的成绩胜过关心孩子本身，这样的做法并不会把孩子引导到父母期待的方向。

父母要相信孩子，即使他们眼下在学习上的表现不好，并不代表永远不好。即使有的孩子因为成绩不理想，或者没有达到老师或者父母期待的分数，父母也不能给孩子贴上"后进生"的标签。学习成绩不理想，孩子也很在意，他们需要来自父母的支持，需要父母帮助他们改变当下的状态。父母如果耐心帮助并给以关心关爱，孩子就会产生继续学以及学得更好的信心。

即使孩子比较调皮，看上去似乎不听父母的话，他们内心也需要父母的爱和理解，有了父母的支持，他们才会成长得更好，包括学习。

那么，父母怎么做，才是对成绩不理想的孩子的支持呢？

1. 让孩子感受到父母的关心

有研究显示，对成绩优异的孩子来讲，父母对其学业上的关心特别重要；而那些成绩不理想的学生则认为，父母对其个人的关心才最重要。

可是，在现实生活中，有的父母对待孩子的方式比较简单粗暴，他们觉得，孩子不好好学习就是不务正业，就该受到责骂。

当孩子不爱学习时，父母的责骂会伤到孩子的心，让孩子越来越不爱学习。此时，如果父母多多关心孩子，会唤醒他们对学习的热情。那么，父母具体该怎么做呢？

首先，孩子总有自己感兴趣的事情，一般就是玩，那么，父母就陪孩子玩吧。不管玩的内容是什么，出去运动、看动画片、拼搭玩具等都可以。父母可以和孩子酣畅淋漓地玩，在孩子玩尽兴以后，再提示他学习的事情。

当然，父母也可以使用别的说法，一定要让孩子感觉到，父母和他是站在一起的，你们一起面对学习这件事。完成学习任务后，如果父母觉得孩子表现不错，就适时总结一下，奖励孩子做一些自己想做的事情，孩子会觉得父母很了解他们，心会不由自主地向父母靠近。

父母不要急切地想提高孩子的成绩，那种争分夺秒地拽着孩子去学习的方式对不爱学习的孩子来说，不仅没有多大好处，可能还会产生反作用，使得孩子更加逃避学习。想让孩子从不爱学习进入爱学习的状态，不可能一步到位，需要一个过程，父母的等待是对孩子的尊重，对人性的尊重，对科学的教育方法的尊重。有了这样的尊重，才会看到孩子的改变。

当发现孩子有知识漏洞时，不要指责孩子"脑子笨"或者"不用心"，而要耐心给他讲解，用孩子听得懂的方式去讲。

父母心中要有一种认识，知识是一个不断积累的过程，弄会了一道题就是收获，就会让孩子多一分积极的自我认知，就能为接下来的学习补充"心理能量"。

2. 不要太在乎"面子"

有的父母虚荣心较强，觉得孩子的形象关乎自己家庭的形象和父母的形象。因此，当孩子成绩好的时候，他们就觉得脸上有光，当孩子成绩不好的时候，就觉得很丢面子。

为了满足自己的虚荣心，面对外人的时候，有的父母就会说："孩子太贪玩，不好好学习！"面对孩子的时候，有的父母又会说："你怎么那么不争气啊？""脑子就不会动一动吗？考这么点儿分，丢不丢人？"

很显然，父母一面把孩子当成自己家的"形象代言人"，一面又把学习仅仅当成孩子自己的事情，从不考虑自己的教养方式有没有给孩子造成不良影响，更不会体谅孩子的心情。

父母试着想一下，当孩子对父母的做法不满意、对父母不敬佩的时候，他们也会反感父母，这时，如果父母督促孩子学习，他们怎么会听得进去呢？

网络上流行一个段子。有人说："世上的笨鸟有三种，一种是先飞的，一种是嫌累不飞的。"家长问："那第三种呢？"孩子说："这种最讨厌，自己飞不起来，就在窝里下个蛋，要下一代使劲飞。"如果父母不希望孩子产生这样的怨言,就坚定地和孩子站到一起,和孩子一起面对学习。

所以,当孩子成绩不好的时候,要和孩子一起面对学习上的困难,帮助孩子战胜困难。孩子感受到父母的关心后,在学习上才会更有动力。

自我管理能力进阶：学会管理时间

有一位妈妈说：早晨不管起得早还是晚，孩子都需要妈妈提醒才不会迟到，偶尔起早了，时间充裕了还会玩一会儿，从不知道利用早晨的时间背诵单词、课文之类的。放学回来，孩子吃点儿东西、喝点儿水，玩一会儿，时间就过去一个多小时了，这个时候总该写作业了吧！可如果父母不提醒、不催促，孩子是绝对不会主动去写作业的！等玩到很晚，知道写不完作业了，就又开始闹情绪。

时间不能倒流，也不会因为一个人没有完成某件事情而多停留一会儿。所以，要想不浪费时间，想在有限的时间里做更多的事情或者按时完成任务，就需要具备一定的时间管理能力。

我们对时间的感知，是借助钟表、太阳的位置等方式实现的。小学生已经能很好地知觉与日常生活紧密相关的时间单位，如"一节课""一天""一星期""一个月"等，但对于远离日常生活的时间单位，如"未来""几星期后""几个月后"等时间知觉较弱，因为小学生还以具体形象思维为主，这些抽象的概念超越了儿童生活经验的范围，他们不能很好地理解。小学生缺乏对较长时间概念的感知，所以不能很好地规划时间。

学习是一件讲究效率的事，仅仅简单地为学习分配更多的时间，并不能自动带来学业上的成功，高效利用时间才是促使学业成功的关键因素。所以，尽早培养孩子的时间管理能力，让孩子脑子里有"时间是有限的"的意识，是提升孩子自我管理能力的重要前提。

1. 逐步让孩子了解时间和任务

时间是一个抽象概念，时间的特性表现在它是一种客观存在，是人们根据物质运动划分的，需要与具体的、可观察的形象相结合，跟孩子说清，才能让孩子理解透彻。

相对来讲，小学生可以自主安排的时间大致包括放学后的时间、周末、假期等。想让孩子合理安排时间，先要让孩子明白人到底有多少时间可以支配，在一定的时间内他可以做多少事情，以及他有多少事情需要做。

举个例子，从孩子放学后回到家直到睡觉的时间，除了吃饭、洗漱，用在学习和玩耍上的时间也就有3个小时，他要练琴、阅读、温习功课……这些都是必须做的。

父母只是把孩子的时间和任务呈现出来，并不等于孩子就能意识到时间的紧迫性和任务的难易程度，当孩子不能按时行动时，父母要提示孩子："时间不早了，再玩就完不成任务了。"

2. 提高时间利用率

有的人在早晨头脑清醒、反应灵敏，记忆和思维效率高，具有这种类型学习风格的人叫"清晨型"，也被称为"百灵鸟型"；有的人在晚上至深夜时学习效率高，一到夜间，他们的大脑就转入高度兴奋状态，变得非常清醒、注意力高度集中、精力充沛、思维活跃，这类人是"夜晚型"，也被称作"猫头鹰型"；还有的人在上午易于集中注意力，而为数不多的人则在下午学习效率更高一些。

当我们把这个现象告诉孩子以后，就可以让孩子感受一下，自己在哪个时间段学习效率最高，从而确定自己是"清晨型"还是"夜晚型"，或者"上午型"的人，在假期或者周末，就可以把学习安排在自己觉得效率较高的时间段，高效利用时间。

3. 用好生活中的零碎时间

时间就像海绵里的水，只要愿意挤总是会有的。生活中的零碎时间很多，比如，等待上课的时间、睡觉前的几分钟、等车的时间、锻炼结束后的休息时间、出行路上、饭前饭后的时间、散步的时间等。父母应重视这部分时间，安排合适的事情让孩子去做，帮助孩子养成利用碎片时间的习惯。

比如，睡前父母给孩子听知识类广播或音频节目，能够拓宽孩子的知识面；在一家人出行的路上，孩子坐在车里，可以带上一张小纸条，利用零碎时间背诵单词或者句子；在等人的时间里，拿出一本书读，既能打发时间，又能学习知识。

　　孩子在这样用零散时间学习的过程中，能体会到多用功一分，就多一分收获的成就感，之后会更趋向于把时间用在读书、学习上，慢慢地，自然就学会了管理时间。

养成制订计划的习惯

对待孩子的学习,大部分父母都很贪婪,他们总觉得孩子足够有能力,可以再用功一些,拿到更好的分数才是孩子该有的表现。可惜,家长的期待每每落空,因为这不是孩子的期待,没有被孩子纳入计划中。

有的父母就不一样,不管孩子的成绩怎么样,他们都能平静地接纳,细心找出分数低的原因,再制订改变计划,让孩子对自己的学习做到心里有数。

如果没有父母适时的引导,一般情况下,小学生还不会制订学习计划。现在的孩子日常生活和学习内容很多,除了校内学习,也会有各种校外才艺学习,还要阅读,他们要学会合理安排时间、合理安排学习任务,才能有一部分玩耍的时间。

一位妈妈在一个群里说:"我这胸口堵得慌啊!"有人问:"怎么了?晚饭吃多了?没消化好?"妈妈说:"哪有心情吃饭啊?气都气饱了!给孩子听写生字,已经写好几遍了,每一遍都错,错了也不上心,反复强调,下一遍写的时候还出错。我没嫌他错得多,只是说,'你自己不会,就要早点开始练习,多写几遍,少玩一会儿,这样才能记住,也不至于熬这么晚是不是?睡得晚,就会影响第二天的课堂效率,导致学不好知识'……"这样的状态,如果不改变,就会影响学业发展。

父母只认识到孩子因为温习功课而晚睡带来的坏影响还远远不够,还应采取有效的方法帮助孩子合理安排时间。

制订学习计划,是一个更普遍、更容易应用起来的方法,它对孩子的长期发展有好处,计划具有推动性和约束力。但是,为什么有那么多孩子没有养成制订学习计划的习惯,没有制订学习计划的能力呢?关键在于父母,父母要运用恰当的方法帮助孩子学会制订计划。

1. 让孩子感受到计划的好处

一位妈妈是这样做的。放学后,她跟孩子说:"咱们回家先把今天学习的内容复习一下,复习完以后,咱们就完成今天的阅读任务,然后画一张画,全部完成了,咱们就出去吃好吃的,吃什么你来选,只要不是快餐,妈妈都答应。"

孩子都喜欢吃美食,而且是和父母一起去外面吃,他们当然高兴。一高兴,学习效率自然就高了。结果,孩子以比平时快15分钟的速度做完了作业。然后,妈妈说:"你看,制订学习计划多好啊!写明白先干什么,后干什么,都干完就可以自由地玩了。"孩子很认同妈妈的话。这并不是因为慑于父母的权威,而是他们感受到了好处,确实节省了学习时间,做了更多自己喜欢的事。妈妈趁热打铁,跟孩子约定,以后每天都制订学习计划,按计划安排学习,这样,让学习变得既井井有条,又变得可控。

父母不要觉得这么做太麻烦，感觉没有时间和精力来完成，父母要做的工作只是在刚开始，当孩子养成制订学习计划、合理安排时间的习惯的时候，就可以放手了。

2. 推动孩子做长远的计划

谁都知道，人生需要规划。那么，谁来规划？一定是孩子自己。父母如果要参与，也是参谋的角色，孩子才是主角。孩子的规划能力从哪里来？就是从一次一次制订计划的过程中对计划本身的认知和体验中来的，当他们深刻地认识到计划的好处后，就会不自觉地做计划。

当孩子能够合理地制订每天的计划时，妈妈就可以跟孩子讲讲计划这件事。计划可以分为长期、近期、短期计划。人们制订计划就是为了高效地利用时间，计划的有效性可以有一天、一周、一个月、一年等，时间不同，对应的学习和工作任务也不同，不同的计划与不同的目标相对应，制订学习计划是高效实现学习目标的方式。

大部分孩子的学习计划都是从对一天的课余时间做规划开始的，其中，温习功课是主题。孩子的学习能力各不同，父母引导孩子制订学习计划的时候，一定要考虑孩子的实际情况，不要让孩子产生畏难情绪，"盖章"后就要严格执行。在执行过程中，按计划完成是首要原则，不能因为孩子不能坚持、发脾气就放弃，而且学习计划要随着孩子能力的提升而不断调整。

孩子的可塑性非常强，如果父母用好的行为方式去塑造，他们就会建立起好的学习习惯。所以，当孩子按照计划完成学习任务时，父母要鼓励并强化他们的这种行为。

自信让孩子获得更多自我管理的成功经验

孩子在学习上越自信，面对学习任务时就越能竭尽全力去理解、记忆和解答，即使遇到困难，也不会轻易放弃。面对学习，只有相信自己能行，才敢于拼搏，为了达到心中期待的目标而竭尽全力。

那些能管好自己学习的孩子，对自己一定是充满信心的，所以才能做到不断努力前进。那么，父母怎么做才能提升孩子的自信呢？

1. 帮助孩子提升自我效能感

一个孩子的自信心越强，为自己设立的学习目标越高，或者说越能够自觉地设立学习目标，因为他相信自己可以实现。

自我效能感，指个体在进行某一行为之前，对自己能够在什么水平上完成该行为所具有的信念、判断或自我感受，是人们对自己是否能够成功地完成某一成就行为的主观判断，是一个人自信心的具体体现。

当一个孩子在学习上一遇到失败就归因于"自己笨"的时候，说明他的自我效能感很低。但是，对这些学习上的新手来讲，无论是在知识储备还是对学习这件事情的了解方面都处于起步阶段，这就需要父母适时地给予引导。

特别是在遇到不如意或者小挫折的时候，他们可能会失去信心，在困难面前投降。此时，为了防止他们自信心滑坡，父母要从旁边拉一把，为他们鼓鼓劲。俗话说，一分耕耘，一分收获。

当孩子体验到成功后，自我效能感就提升了，再遇到类似任务的时候，就敢于去挑战。自信心就是这样在一次又一次体验成功的过程中提升的。

2. 鼓励孩子回答问题，提升自信心

有一个孩子曾经这样对我说，"每当我取得了好成绩或者安静地在家里写作业的时候，妈妈脸上就会有露出笑容。我喜欢那样的妈妈，所以，我一定要好好学习"。妈妈或许不知道，自己的一个微笑就给孩子带来了如此大的学习动力！

美国心理学家威廉·詹姆斯发现，一个没有受过激励的人仅能发挥其能力的20%～30%，而受到激励后，其能力可以发挥60%～90%。如果你期待孩子在哪方面有成就，就不要吝啬鼓励的话语，更不要说打击孩子的话，鼓励的话语会让孩子觉得你在暗示他一定能够成功，这样孩子才会觉得自己能行。

日本的一项研究表明，在家长的夸赞声中长大的孩子，成功率比很少

受到家长夸奖的孩子高五倍！所以，在和孩子相处的时间里，父母要放下担忧和斥责，以欣赏的眼光，不断地寻找孩子的优势，给予鼓励和赏识。

3. 孩子最怕不受关注

如果有人觉得开不了口夸孩子，那就简单描述一下孩子的表现，不管是好是坏，都代表了父母对孩子的关注。当然，若父母能够不断地赏识和鼓励孩子就更好了。

小学阶段的孩子正处于价值观的形成和发展阶段，受限于思维的发展，他们对世界的认识和理解很有限，而他们的活动范围却在扩大。如果父母关注他们的行为，做得好的给予鼓励，不良的适时纠正，会让孩子更加清楚什么可以做，什么不可以做。

所以，即使父母工作忙，也不要忽视养育责任，要关注孩子对自己期待的眼神，多陪陪孩子，和孩子一起下棋、学习、吃饭，让孩子感到被父母重视，内心充盈。至于那些喜欢玩手机、打麻将、上网等活动的父母，更要多进行自我反省，改掉不良行为，多多和孩子在一起。

养成自觉阅读的习惯

已经很晚了，妈妈要求女儿睡觉，已经喊了好几次，可孩子就是不动，她正坐在书桌前，津津有味地读着一本书。妈妈有些心疼女儿，但看着女儿的背影，却仍感欣慰，妈妈的小心愿达成了。

从孩子出生起，妈妈就给她读书，从绘本到图书，从短小的儿歌到比较长的故事，每天都读给女儿听。渐渐地，女儿一天比一天喜欢书，一天比一天热爱阅读。如今，女儿上三年级了，已经阅读了很多大部头的书，对文字也越来越痴迷，甚至能够写出充满真挚情感的短作文。女儿说："我不能不读书，一天都不行。"这不，今天她已经完成自己设定的阅读任务。

阅读，是每个人的需要，以此满足精神需求，增加阅历，提升智慧。教育家朱永新说过，一个人的精神发育史，就是他的阅读史；而一个民族的精神境界取决于这个民族的阅读水平。阅读是基础教育阶段对抽象文字识别、阅读、思考与理解的起点，是开展其他形式的阅读、提升阅读素养的基础。可以说,在小学阶段,孩子搞好阅读,就打好了学习的基础。

美国卡西基金会发布的一项研究表明,三年级时缺乏熟练阅读能力的学生在高中阶段辍学的可能性会增加四倍。为什么这么说呢?进入三年级后,学习越来越多地需要背景知识和通晓"书面语"(包括文学、历史、抽象、通俗、技术的术语),这些知识都需要通过阅读来获得。

同时,科学课、社会课、历史课,甚至数学课都开始越来越多地依赖文本分析能力,于是那些吃力的阅读者在这些科目上开始落后。

由此看来,培养小学生的阅读习惯,使得他们爱上阅读,提升阅读能力,是小学阶段必须完成的任务。

1. 引导孩子读书,并尽早开始

很多教育专家认为,阅读兴趣和阅读习惯需要在早期教育中打好基础,否则会事倍功半,甚至劳而无功。如果孩子在上小学的时候还没有养成良好的阅读习惯,那么与同龄孩子相比,要想培养阅读习惯,就要降低标准,从更低层次的阅读开始引导。

有一些孩子阅读习惯培养得比较早,到了入学的时候,他们已经能够自己读书,而且非常喜欢读书。父母要做的就是提升孩子的阅读品质,引导其阅读更利于自身成长的书籍,使得他们对书籍的内容拥有更深刻的理解,教会他们摘抄名句、做小卡片、制作读书报、写读后感等。

而对于还没有养成良好阅读习惯的孩子,则需要一段时间来过渡,比如,可以领着孩子读书或者给孩子讲故事,引导孩子与书进行亲密接触,慢慢爱上阅读。

卡尔·威特说,"在引导儿子读书上,我采用了一些小伎俩。孩子喜欢听人讲故事,特别是年龄较小的孩子。我发现讲故事的重要性,它不仅能丰富孩子的知识,而且能够成为引导孩子看更多书的桥梁。我在讲故事的时候,总是绘声绘色,运用夸张的表情、形象生动的语言,并辅之以变幻不定的手势,甚至有时候站起来模仿故事人物的身形以不断推动情节发展。儿子听得如痴如醉,常常也禁不住跟着我手舞足蹈。但我总是讲到最有趣的地方就打住,并告诉儿子这个故事在哪本书中,鼓励他在阅读中寻找乐趣"。

总之,引导孩子读书越早越好,任何时候开始都不晚,且越讲究方法效果越好。

2. 支持孩子出声朗读

如果孩子看书的时候喜欢读出声,父母不要干涉。有的孩子喜欢出声读,这样阅读速度可能会慢一些,但是,阅读时"发声"这个能动因素和"耳听"这个被动因素同时发生作用,对大脑的刺激作用比较强。小学阶段是孩子大脑发育的关键期,从这个角度讲,朗读更有优势。同时,朗读更能让孩子集中注意力,让思想不开小差。

3. 引导孩子自己阅读

对于没有养成阅读习惯的孩子,父母可以用讲故事的方法引导他们爱上读书。孩子都喜欢听故事,许多故事又来源于图书,听着听着,孩子就想自己看了。有的故事父母可能没有时间全部讲完，那就把书给孩子，让孩子自己读，慢慢引导孩子自己阅读。

4. 关注孩子记住了什么

虽然读了一本书或者一篇文章，总会在大脑里留下痕迹，形成记忆，正所谓读了不白读。但是，对于知识吸收力特别强的小学生来讲，如果能讲究一些方法，就能多记忆一些内容。

阅读一本书之后，父母可以采用一些方法引导孩子巩固记忆。

比如，合上书，让孩子回顾书的标题和副标题，这么做有利于培养孩子对文字的概括和记忆能力，方便以后写文章时起标题。

把书给孩子，让孩子检查文中的黑体字，即书里的小标题或者提纲挈领的文字。看这些文字有助于孩子理解通篇文字，读完再看更有利于孩子回忆起整本书的内容。

还可以让孩子用自己的话总结一下，即阅读以后对整篇文章的理解，从而巩固阅读效果。

用多样的"习作"推动孩子学习

有些孩子写作文时不知道写什么或者没得写,即使背诵了很多名篇名句,写作时也不会运用。这种情况下,孩子就要勤练笔了。

1. 记笔记也是习作

孩子听课的时候需要记笔记,笔记的内容基本上是老师补充的题目、老师的解题思路、老师归纳总结出的典型解题方法、与以往所学联系较紧密的知识,以及孩子在课堂上没有弄懂自己留有疑问的地方等。

记笔记涉及的内容着实不少,但是哪些内容要记下来却因人而异。孩子根据自己的需要选择内容去记的过程,就相当于写作的取材,这是写作的基本内容;孩子动笔去记的过程,需要遣词造句,再用准确的文字表述,这就是写作的过程……总之,记一次笔记就相当于完成一篇小作文。

当然，除了在课堂上边听讲边记笔记外，还可以在读书、做事、旅游的时候记笔记，写一写感悟、行程，或者写自己的心情等。只要内容落实到文字上，就是习作，就是对写作文很好的练习。

2. 发挥自主写作

每个孩子内心都有一部五彩斑斓的童话。他们似乎玩着玩着就能口述出一篇小文章，有的逻辑不够严谨，有的有语法错误，但没关系，家长可以鼓励他们把口头作文落实到文字上，不论是写实还是童话，只要写出来，就是对孩子很好的锻炼。经过不断的锻炼，孩子自己就能发现不足、改正不足，慢慢写出精彩的文章。

3. 学会描述生活中的小事

多鼓励孩子选择日常生活中所熟悉的、经历过的事件表达真情实感，生动地描述所见所闻，写出童心童趣。不断地写下去，就能悟出文章的写法，写出好文章。

对孩子来说，最宝贵的是写的过程，有兴趣写下去就能收获进步，对正在建立写作自信的孩子来讲，肯定和鼓励才是促使他们进步的力量。如果父母想让孩子写得更好一些，就要鼓励孩子多练习，多写生活中的小事。

4. 不断积累，实现迁移

我们知道，孩子在某个情境中学习到的规则以及技能会被应用到另一个情境中，应用的情境越多，越能够得到顺利的迁移。

写作是一个积累的过程，阅读经典名作，感受并模仿其写法，就是为未来的写作做准备。比如，在阅读经典作品的过程中，可以引导孩子摘抄好词好句，背诵喜欢的自然段，背会了，自然而然就会用了；学习经典名作所使用的各种修饰方法，如排比句、比喻句、对比句等的写作技巧；经典名作取材的典型性和新颖性、思想的崇高性，对于小学生在选材、立意上有很强的示范和指导作用。至于一篇文章怎么写，也就是布局谋篇的架构，孩子读多了，也就能模仿了。

不管是写法还是内容，孩子在阅读、感悟、记忆的过程中掌握的部分或者全部，在未来某一天，都将体现在他们自己的写作中。

给孩子提要求：让错过的内容不再出错

有一道数学题：数学练习本卖0.45元一个，小明拿着10元钱去买本，最多可以买多少个？还剩下多少钱？

苗苗第一次做这道题的时候，得出的结果是：可以买22个，剩下10元钱。妈妈看到结果后，差点儿笑喷，问他："好好看看，哪个老板这么晕，你给他10元，他找你10元，还给你22个本子？"

苗苗意识到自己算错了。于是，拿出演算纸又算了一遍，结果还是剩下了10元。妈妈很认真地给儿子讲了一遍"商不变"的性质，苗苗才明白结果是剩下1角钱。

可是，几周后的数学测验中，还有这道题，苗苗又做错了，而且他晕乎乎地不知道自己错在哪了。

妈妈很纳闷，第一次出错的时候，不是已经给他讲过了吗？怎么这次又答错了？妈妈反复跟儿子强调过，错过的题目一定要记住，不能再犯。其实，妈妈讲解的时候，儿子也很努力地去理解了，怎么又会做错呢？

当孩子做错题目的时候，每位家长都想竭尽全力地去帮助孩子改正，想把正确的做法教给他们，孩子当时也的确记住了，之所以之后还出错，可能是因为没有及时复习。

1. 及时复习，避免遗忘

为了帮助孩子牢固地记住正确的做法，需要按照艾宾浩斯遗忘曲线的规律不断地复习，直到工作记忆变成长时记忆，直到真正地掌握知识为止。

而且，对曾经错过的内容的复习可能比新学的知识或者没有出过错的题目的复习更难，因为人们面对已经出过错的题目的时候，易受第一次错误印象的影响。

所以，要改错并掌握正确的做法需要一个过程——一个踏踏实实的学习过程。所以，很多老师提倡学生准备错题本，把错题记录下来，再反复复习，不断巩固，这样才能不轻易遗忘。

2. 改错需要一个过程

只要孩子想改正错误，就一定能改正，但是，需要一个过程。如果孩子当天做错了题目，已经纠正过，知道了正确答案，也认真地思考过了，但过两天再做时还可能会出错。之所以会这样，不是孩子不用心，而是学习的过程就是如此。

孩子做过一件事情后到底有没有习得什么，不是当时就能了解的，因为学会任何知识，再将其编码到大脑中，都有一个再现的过程。在这个过程中，孩子进行着自我修正、自我练习，以后遇到合适的时机再表现出来。

3. 父母太唠叨，孩子记不住

一遇到学习的问题，父母就容易变得不淡定。比如，一道题讲了很多遍，孩子还是做错，这时，妈妈的火气就开始变大，虽然没有打也没有骂，但是唠叨起来没完没了。要知道，妈妈太唠叨，孩子更记不住。

心理学上有一个著名的超限效应，即同一刺激对人的作用时间过长、强度过大、频率太高，会使神经细胞处于抑制状态，让人产生极不耐烦的心理体验。

从心理学上看，父母反复说教，不断给孩子施以频繁的刺激，会让孩子形成"心理惰性"，教育效果便会大打折扣。

第 6 章

做好德育，规范孩子主动的界线

小学阶段是孩子品德发育的关键期。品德是社会道德在个人身上的反映，在孩子成长的过程中，需要用社会道德行为规范和约束自身的行为，直到形成稳定的道德品质和价值观，这样他们才能更好地发挥主动性。

从小事中培养孩子的责任心

孩子都喜欢吃糖，因为糖很甜，但是，吃太多糖对孩子的牙齿和健康都有不良的影响，最常见的就是会得蛀牙，导致牙痛；会引起肥胖，影响身体发育和智力发展。所以大人一般不会让孩子吃糖，但也阻止不了孩子非常想吃的想法。

孩子的行为是遵从自身的感觉而不是遵从理性的，越小越容易被感知所控制。因为他们不懂得自己行为的后果是什么，所以表现得胆大妄为，此时父母如果因为觉得孩子小不懂事而纵容，就错失了教育孩子树立责任心和界限感的时机。

进一步讲，无论是伤害自己，还是伤害他人、公物等都是不可以做的，做了就是不负责任的一种表现。当不良行为发生时，如果父母不加干涉、不予引导，这种行为必定会再次发生，每一种行为结果都会成为对下一次行为的某种强化，直到形成行为习惯，内化成品行。

当父母发现孩子表现得不求上进、不关照别人、自私、散漫、不愿意努力时，才开始想着阻止和改变，也许已经迟了。

著名教育家茨格拉夫人说，必须教育孩子懂得他们不同的行为可能产生的不同后果，那么随着时间的推移，孩子一定会变得很有责任感。当孩子的自我概念里有了"负责"这个词汇的时候，他一定是做了很多负责任的事情，才会对自己有这样的认识和评价。

为了让孩子从自身的行为中感受到责任感，父母可以从以下几方面引导孩子。

1. 做好具体的事

孩子每做好一件事，对事情的承担能力就会增加一分，那种把事情做好的责任心就会提升一分，就会尽全力去做好每一件事。

没做过家务的孩子眼里没有事，即使周边再乱，他们也不觉得有多么不舒服；做过家务的孩子就不一样，他们看到家里乱糟糟的，不收拾就会觉得不舒服。如果父母有睡前把家里整理干净的习惯，那么，孩子也会养成这样的好习惯，当然，这需要父母引导。小学生已经能够做很多事情，父母做，孩子也会跟着做，父母把孩子的事情交给孩子，让孩子认识到自己的事情要自己做，认真做就会有好结果，孩子就更愿意做更多事。

2. 让孩子多做有利于大家的好事

孩子对事物的评价往往以老师、父母、同学、身边重要人物等的评判为标准，做让他人受益的事情，能让孩子获得他人的肯定和赞赏，并从中获得好评。比如，在家里做家务、在学校搞卫生等。

在家里，完成力所能及的家务劳动能增强孩子的家庭责任感，感受到帮助父母后的成就和快乐，今后更愿意帮助父母。

在校园里帮助老师、同学做事，感受到老师、同学的谢意和欣喜，也是对孩子的鼓励。孩子在学习上做到认真、负责、不马虎，获取好成绩后被同学佩服，能使得孩子对自己的学习更加负责。

当孩子有好的表现时，我们出其不意地表扬一句，既是对孩子当下成绩的肯定，又是对孩子的一种激励。

3. 认真负责，管理好学习

学习是小学生的主要任务，如果能够尽力完成学习任务，有了责任意识，也就逐渐形成了负责任的态度。随着学习的深入，以及学习能力的提升，更需要这种负责的态度；而越是认认真真地学习，责任意识就越强。

随着孩子自主意识的发展，父母越是给孩子多点选择的自由，让他们自己做判断和决策，要做的事情在他们心中的分量就越重，他们就越能认真地去完成。所以，父母要创造更多的机会，让孩子自己负责学习的事情。

4. 弱化错误结果引发的负面情绪

不管是日常生活还是学习能力，小学生的经验都很有限，他们需要在做的过程中慢慢积累经验、提升能力，所以在做的过程中出错是必然的。

为了避免错误打消孩子的积极性，导致孩子行为的偏离，正确的做法是教会孩子怎么做，而弱化行为结果引发的负面情绪，孩子才有信心继续做下去。

对于比较有难度或孩子初次做的事情，父母事先耐心的指导有利于降低出错率，避免影响孩子做事的心情。

培养同情心，让孩子的内心更柔软

想让孩子成为一个善良的人，就要从小培养孩子的同情心。孟子曰：恻隐之心，仁之端也。在现代社会，同情心仍是不可忽视的伦理底线。缺少同情心，就会无视弱者和伤害，无法履行最基本的道德义务。

人生来就有同情心，出生不久的宝宝听到别的宝宝的哭声也会哭，几个月的小宝宝就能陪着别人哭，会替妈妈擦眼泪，妈妈伤心的时候会把好吃的送到妈妈嘴里。因此，顺应天性，发展孩子的同情心，孩子就会成为有爱心的人。

孩子的同情心能否获得良好的保护和发展，决定着孩子将来能否具有健全的人格，能否保持内心的积极和乐观。一个具有同情心的人胸怀宽广，在与人相处时，能设身处地为他人着想，能包容一切。富有同情心的人心地善良、性情温和；而缺乏同情心的人往往性情怪异，易走极端，不易与人亲近。

事实证明，当孩子较早发展了同情心，就会较早拥有助人、分享、谦让等良好的品质，就能够实现精神层面的满足，始终保持健康的心态和心境。

这样的人，当生活中遇到困难、人生处于低谷的时候，更容易得到朋友的同情和帮助。

那么，在小学阶段，父母如何培养孩子的同情心呢？

1. 利用文字培养同情心

哈佛大学认知心理学教授斯蒂芬·平克在《人性中的善良天使》一书中指出，阅读他人文字的习惯能够让一个人养成代入别人观点的习惯，从而感受别人的欢愉和痛苦，现实主义小说让读者一步一步进入一个和自己完全不同的人的生活，思其所思，感其所感。

这一点，喜欢阅读的家长应该深有体会，在阅读的过程中，读者常常会把自己当成故事中的主人公，想像他们那样去奋斗，当主人公陷入困境的时候，会暗地里使劲想帮助他们渡过难关。

孩子也一样，当故事中的主人公考试忘记带铅笔、被坏孩子欺负、挑战失败的时候，他们也能体会到主人公的情感，此时，孩子的同情心就被唤醒了。

2. 引导孩子帮助弱者

生活在贫困地区的留守儿童、福利院的儿童和老人，遇到困难的家庭等是弱势群体，家长可以带孩子了解他们的故事，熟悉他们的现状，懂得他们的不易，并表达自己的爱心。

父母带着孩子这么做，就相当于给孩子展现了对待弱者的态度：仁爱、慈悲、帮助、期待、扶持，当孩子看到对方因为自己的帮助而产生了积极的情感变化的时候，会因此而开心，同时收获满足感，以后会更愿意帮助他人。

孝顺的孩子更容易听从父母的教导

父母都希望孩子孝顺。孝顺的人有爱心、孝顺的人不忘本、孝顺的人肯于听从长辈的劝诫、孝顺的人尊重他人、孝顺的人内心更阳光……所以，想让孩子成为一个好孩子，将来成为一个好人，就要在成长过程中，培养孩子孝顺的品德。

当大人说得在理，孩子仍然不听话，而且对大人很不礼貌的时候，父母就该反省，自己的孩子是否具备孝顺的品德。

1. 孝顺不是强迫孩子听话

每个孩子生来都具有良好的品质，在家里，父母尽可能把孝顺的美德传给他们，学校教育中也指引他们朝着好孩子的方向发展，但是，为什么仍有那么多孩子不孝顺，有很多孩子和父母对着干，不听父母的话呢？

不是孩子不孝顺，是有时父母对他们限制过多、对他们行为有不理解、打压他们的自信，使得他们既渴望亲子之情，又想远离父母。此时，孩子的内心世界是痛苦的，他们也想孝顺父母，但是，父母却要求孩子言听计从。父母认为，他们说什么，孩子就得信什么，而且要毫无条件地服从父母，这对成长中的孩子来讲是不可能的。成长就是一个逐渐建立自我、成就自我的过程，孩子自然不愿意成为被父母操纵的"木偶人"。

所以，想让孩子孝顺，就要尊重孩子的独立人格。父母越尊重孩子，给孩子自主权，孩子就越尊重父母，给予父母爱的回报。

2. 不要只是口头教孩子孝顺

孝顺是一种爱的表达，而表达对象则是父母、亲戚、长辈等，而最好的表达方式，也最利于孩子学习的方式是行动。

卢梭认为，在任何事情上，教育都应该是行动多于口训，因为孩子们容易忘记他们自己说的和别人对他们说的话，但是对他们所做的和别人替他们做的事情，却不容易忘记。

观察是人类获取经验的一种重要的方式，在孩子心中，父母以及身边长辈是学习的榜样和权威。当他们看到、感受到身边人的孝顺行为以及长辈脸上幸福的笑容时，他们会感受到孝顺带来的家庭和睦、生活幸福，从而也表现出孝顺的行为，这就是观察、模仿学习的过程。

3. 溺爱是导致孩子不孝顺的根源之一

一般在多子女家庭里，父母偏爱的那个孩子，长大后大概率是最依赖父母、最没有能力、最不孝顺的那一个。即使在独生子女家庭里，假如父母对孩子太过宠爱，无条件满足孩子的需要，孩子也可能反而不懂得孝顺父母。

溺爱会模糊孩子的界限感，使其放纵欲望，不懂节制，目中无人。在孩子眼中，父母是他的服务者，所以，父母爱孩子要有度，不要无限制地满足孩子的一切需要。要合理满足孩子的需要，控制孩子不合理的欲望，让孩子懂得生存规则。

孩子有了界限感，懂得自己是自己，他人是他人，不能无限制地索取，而要报答父母的养育之恩。

懂得换位思考：去自我中心化

不讲理的孩子不会考虑他人的感受，他们的一切言行只为满足自己的需要，如果上学以后仍然这样，会不利于孩子的社交和校园生活。如果孩子能够站到对方的角度思考问题，就会较多地顾及他人的感受而较少做出伤害他人的行为，让人感到温暖的孩子人缘会很好。

孩子的成长是一个逐步社会化的过程，也就是逐步拥有社会化人格并习得社会认可的行为方式。掌握当下社会的道德价值标准，遵守法律和社会约定俗成的规则，是社会化的基础。这些成人世界的规则需要孩子不断去习得并内化。培养孩子的换位思考能力，有利于孩子的社会化发展。

孩子并不是生来就具有换位思考的能力，幼儿时期，孩子多以自我为中心。皮亚杰认为，儿童在7岁前是以自我为中心的，意思是他们不知道他人的所思所想，不认为别人与自己有不同的观点，所以，他们还无法站在他人的立场来看问题。

事实上，3岁前，在儿童的认知和行为中就已经表现出非自我中心性，但这并不具有普遍性。7岁以后到12岁，儿童逐渐学会从别人的视角看问题，会意识到出于各种原因，别人可能持有与他们不同的观念和想法。这一阶段，他们逐渐能够接受别人的意见，修正自己的看法，与别人友好交流。

小学阶段是培养孩子换位思考能力的关键期，父母怎么做，才能促进孩子这方面的发展呢？

1. 重视孩子的换位思考能力

如果孩子不具备换位思考能力，不能站到对方的立场考虑问题，而只想着满足自己的需要，可能会强迫对方、让对方为难、做出伤害对方的事情，从而难以与别人维持良好的关系。

如果孩子具备换位思考能力，父母再跟孩子讲一些家里的现实情况时，孩子就不会太主观，而能够站在父母的立场，根据现实情况理解问题。

父母跟孩子沟通的时候，要考虑到孩子的自尊心，重视孩子当时的想法，当父母考虑孩子的感受时，孩子在跟父母沟通的时候也会考虑父母的感受。

2. 教会孩子换位思考

父母要重视孩子的感受，让他们在换位思考的过程中收获美好的感觉，从而强化孩子学会理解他人的行为。

小学生已经具备爱的能力，他们会不自觉地向人表达爱，比如，父母、祖父母、外祖父母以及身边人，还有同学、朋友等。如果父母给予孩子无私的关爱和照顾，孩子感知到了，也会不自觉地表达爱，这时，父母的及时肯定能够促进他们有更多爱的表达。

孩子表达爱的方式可能是有样学样。妈妈累了，孩子过来给妈妈捶背，问："妈妈，舒服点了吗？"这时，妈妈赞美一句："啊，谢谢宝贝，都懂得心疼妈妈了！"

这时的赞美能强化孩子今后出现更多关爱他人的行为，是一种对孩子的有效引导。

3. 不要期待孩子像大人一样理性

孩子也有喜怒哀乐，他们也需要释放自己的情绪。与父母分享情绪对孩子来讲是安全的。

大人尚且有情绪化的时候，孩子就更加难以控制自己的情绪了。一方面，他们的大脑前额叶正处于发育过程中；另一方面，他们控制情绪的能力还不足。所以，当孩子闹情绪的时候，父母不要激动，更不要谴责孩子不懂事，但也不要认为这是小事。

当孩子愿意和父母分享他们的情绪时，父母一定要站在孩子的立场去倾听。此时，父母是孩子最期待的情绪"接收器"，父母的理解能帮助孩子释放情绪，父母的理解和认同能促使孩子敞开心扉。

所以，大人要站在孩子的立场，理解孩子的情绪，给孩子做良好的示范。

鼓励孩子的亲社会行为

假期到了,齐齐每天下午都去篮球场上打篮球。有一天,齐齐和一个男孩发生了争执,因为那个男孩觉得齐齐侵占了他的地盘,他警告齐齐后,齐齐一带球通过,他就阻拦,而且抢到球就直接扔出篮球场外。

这是一个非常典型的小学生之间发生矛盾的案例。

现实生活中,欺负人的孩子并不少见。孩子欺负人,不仅会对别人造成困扰,而且不利于自身品格的发展。

一个正常发展的小学生在与人交往的过程中表现出来的应该是亲社会行为,他们应懂得谦让、合作、分享,表现出的行为应有利于他人和社会的和谐。亲社会行为既包括不求任何回报自愿帮助他人的行为,也包括为了达到自己的目的而帮助他人的行为。只要对别人有帮助的事情都可以被称为亲社会行为。

1. 鼓励孩子的亲社会行为

进入小学以后，孩子独立的社会行为会增多，对于什么事情可以做、什么事情不可以做他们需要做到心里有数，这样才不会做错事。

父母要在孩子心中种下种子，让他们明白，符合社会道德标准的事情才可以做，在与他人交往的过程中要关爱同伴、彼此分享、互相合作、谦让他人、相互帮助、同情弱者等。

父母不应只在言语上指导孩子，也要在行动上引领孩子去产生亲社会行为，久而久之，孩子就会把行为内化成准则并成为指导自身行为的标准。

2. 改善孩子的攻击性行为方式

不管是孩子攻击别人还是被别人攻击，不管是口头攻击还是身体攻击，父母都要重视。

当孩子有了攻击性行为后，父母要视情况再决定怎么处理。

如果孩子经常跟小伙伴起冲突，甚至动手，父母要及时制止并教育。如果确实是自家孩子理亏，就要让孩子给对方赔礼道歉，回到家后还要接受惩罚。之后还应和孩子一起检讨犯错的原因及如何避免再犯。

对于喜欢攻击别人的孩子，当攻击性行为发生后一定要及时进行教育，否则攻击性行为带来的满足感和刺激感会强化他们再次出现攻击行为，下一次攻击行为只会来得更加猛烈。

如果孩子平时比较守规矩，与人为善，很少冲动，但某一次与人动手了，不管父母是否看见，都要事先了解清楚情况，再决定怎么处理。

对于一个不动手的孩子来讲，如果他遇到的对手是个"熊孩子"，那么，被侵犯后的动手行为就成了自我保护的必要手段，可以防止被对方欺凌。

诚实待人：父母要避开谎言背后的错误操作

考试前，强强跟父母说，他已经复习好了，他这次一定要考高分，要认认真真地答卷子，不马虎。到了周末，父母问他分数，强强很干脆地说："98分。"父母觉得自己的教育有了成果，儿子果然没马虎，看来是下决心要改正了。

晚上，儿子睡着后，妈妈收拾房间时无意中看到了儿子的试卷，心里的火一下子就蹿上来了。88分？还是马虎导致的丢分！妈妈一把推醒熟睡中的儿子，把试卷扔给他，然后问："你这是考了多少分啊？"强强一看瞒不住了，低着头说："对不起，妈妈，我错了！"这回，妈妈生气的不光是孩子的成绩和学习态度，还有他的撒谎行为。妈妈很纳闷，这孩子怎么还学会撒谎了呢？

强强不是一个爱撒谎的孩子，之所以谎报分数，与他感受到的压力有关，为了逃避父母的惩罚，他隐瞒了事实，谎报了分数。

如果孩子平时不会撒谎，品德优秀，有一天却突然撒谎了，面对这种情况，父母要反思，是否是自己的教育行为误导了孩子。为了避免孩子"被迫"撒谎，父母需要少一些错误的操作。

1. 不要打骂、惩罚孩子

当孩子刚出现撒谎的行为后，父母首先要控制自己的情绪，不要打骂、惩罚孩子，要站在孩子的角度去思考问题。要想一想，孩子为什么会撒谎？是孩子太虚荣，还是他们不知道撒谎是错误的？还是他们迫于大人的压力只得选择撒谎？

父母应调整情绪，好好跟孩子聊一聊，先了解孩子的心声，再根据孩子所犯错误的性质进行引导，确保孩子知错就改，下次不再犯这样的错误。

2. 父母不要只关注成绩，不关注学习过程

很多父母是通过孩子的考试分数来判断孩子的学习情况的，分数高就表示学得不错，分数低就表示学得不好。学得不好，父母就会训斥几句，让孩子好好学习。

父母这么做，会促使孩子更加关注成绩，形成表现目标：拥有表现目标的孩子，关注点在于把自己的能力展现给别人看，他们特别在意考试分数，特别想在分数上超越班里的其他同学。

当孩子自己在乎分数，父母也在乎分数的时候，他们在学习上的关注

点就从关注学习任务、关注获取知识、关注建立良好的学习方法等方面转移到只关注分数了，会开始以分数来评判自己的学习能力。当分数不理想的时候，为了不让自己丢面子，维护自己"好学生""好孩子"的形象，就对父母撒谎说自己考了高分。

所以，为了避免这种情况出现，父母平时要弱化对孩子分数的关注，不要动不动就问："儿子，考了多少分啊？"不要孩子考试分数好了就眉飞色舞，当着孩子的面到处炫耀；当分数不理想时就唉声叹气，一副大难临头的样子。父母如此毫不掩饰地把自己的喜怒与孩子的分数联系在一起，只会给孩子压力，导致孩子只关注成绩。

3. 不要常用物质奖励

有的父母喜欢给孩子物质奖励，觉得这样可以犒劳孩子在学习上的辛苦付出。殊不知，这么做容易导致孩子误认为学习是为了父母，学习成绩好是在为父母争光，父母给自己奖励是应该的。当父母的奖励对孩子没有刺激性的时候，孩子的学习动力必然会变低，甚至产生失望、沮丧的情绪。这样的情绪，必然不利于学习。

如果为了提升孩子的学习动力而奖励孩子，可以多采取精神奖励的方式，比如，旅行、看电影、买书、看各类表演等。这样既奖励了孩子，又丰富了孩子的精神世界，比物质奖励的效果更好。

第 7 章

提高情商：好情绪促使孩子主动学习

情绪既能影响学习过程，也受到学习过程的影响。好情绪更利于孩子的注意、记忆、思维以及兴趣等的发展。学会调节情绪，不让情绪影响学习，也是主动学习的重要内容。

情绪对学习的影响很大

为什么玩得开心了,孩子的学习效率就高呢?因为情绪对孩子的学习影响很大。

1. 情绪影响孩子的注意

纽约大学神经学家约瑟夫·勒杜提出:"情绪驱动注意,创拟注意,并有着自己的记忆系统。"

我们想让孩子集中注意力听讲、写作业、阅读,就不要给孩子以情绪上的刺激,不要对着孩子唠叨,不要呵斥孩子,不要吓唬孩子,不要以欢乐或者悲伤的画面刺激孩子……尽量给孩子营造宁静、温馨的环境,在这样的环境中,孩子才能够集中注意力。

2. 情绪影响孩子的记忆力

情绪影响记忆力。有研究者通过实验发现，当一个人在特定情境下体验到特定的情绪时，那种情绪就像背景一样会同时间被一起存储在记忆中。当他回忆某个知识点想不起来的时候，可以先回忆当时的情景，这样可以帮助记忆。

人们在处理和提取信息时，对于那些和当前情绪相一致的内容会表现得很敏感，即积极的情绪有利于积极信息的加工和回忆，消极的信息有利于消极情绪的加工和回忆。

那些和个体当前情绪相一致的材料更容易被发现、注意和深度加工。大多数时候，孩子学习文化知识，都是一种积极的活动，所以如果情绪处于积极状态，学习效率会更高。

3. 情绪影响学习兴趣

学习动机强，孩子学习劲头才足，不同的情绪对学习动机的唤醒力度是不一样的。高兴、骄傲等积极情绪能增强动机；厌倦等消极情绪会减弱动机；放松等情绪可能会导致当前任务的中止，但也是对后续任务的一种强化。

当孩子取得好成绩时，自己也会因此而高兴，这时，他会对学习充满信心，学习动力变得更强烈，即使在学习上遇到一些困难，也不会成为阻碍其努力学习的障碍；当孩子不喜欢学习时，就会厌倦，更不会花费时间和精力去努力学习，只会更加贪玩。

4. 情绪影响认知

积极情绪可以促使个体去追求创造性、新异性的想法和行为，有利于拓宽思维。我们要给孩子自由想象的时间、空间，更好地发挥其创造性。因为，在自由的状态下，孩子的思维更活跃，更容易发挥创造性思维。

当下，很多家长把孩子"禁锢"在家、学校和辅导班里，为的是多培养孩子特长，取得好的成绩，殊不知这样会导致孩子眼界缩小、思维受限，阻碍其获得更好的发展。

学习过程中的积极情绪从哪来

在学习过程中，不良的情绪会导致学习效率下降。比如，孩子在课堂上举手回答问题，老师却没有请孩子回答，如果次数多了，孩子会产生失落的情绪，孩子越是渴望回答，失落情绪越严重。如果孩子连续遇到类似不被关注的情况，或者因为一件小事而被老师点名批评时，不断累积的失落情绪就会达到一个阈值，可能会导致孩子对老师产生不满、对某门功课厌倦，这样的不良情绪如果迁移到某门功课的学习上，就会影响学习效果。

当学习对孩子来讲成为一件不开心的事情时，或者在学习过程中孩子情绪变得消极的话，认知活动就会变得消极。如果孩子心情愉悦，就能踏实学习，学习效率也高。不过，任何一个人都不可能永远处于积极的情绪状态，关键在于，当情绪不好的时候，孩子要能够自己调节情绪，保持愉快的心情学习。

在孩子成长的过程中，父母既是孩子情绪的引领者，也是孩子调节情绪的榜样。父母怎么做，才能帮助孩子学会保持或收获好情绪呢？

1. 尊重孩子的情绪反应

为什么人会有好情绪，也有坏情绪呢？因为情绪是以个体的愿望和需要为中介的一种心理活动，当客观事物或情境符合个体的需要和愿望时，就能引起积极、肯定的情绪；反之，当客观事物或情境不符合个体的需要和愿望时，就会产生消极、否定的情绪。

当孩子有了消极情绪后，父母的共情很重要，孩子很需要父母的理解和接纳。父母需要放下自己的情绪，给孩子一个释放情绪、平复心情的空间。这样，父母才能更了解孩子。

当导致孩子情绪变差的事件被引导出来后，父母绝不能因为孩子情绪不好就试图去改变事件的发展以获得让孩子满意的结果，而要让孩子知道，这个世界不是某一个人想怎么样就怎么样的，人需要适应环境，只有这样才能很好地驾驭环境、控制自己。

也只有这样，孩子才能看清情绪的价值，才能学会如何控制自己的情绪，以及如何调节情绪。

2. 孩子心情不好时，不要责怪

谁都有情绪不好的时候，此时，人的心灵比较脆弱，需要一个平复的机会，也需要自己的情绪被接纳，孩子也一样。所以，当孩子情绪不好的时候，父母不要责怪孩子。

当孩子情绪不好的时候，会想寻找一个出口来发泄，如果此时妈妈还督促孩子学习，无异于火上浇油，孩子要么反抗，要么烦躁。当孩子难以把心思放在学习上，又不得不学时，就会产生痛苦的被逼迫的感觉，从而影响学习成绩。

最可悲的是，如果孩子总是在消极的情绪状态下学习，学习就不再是一件快乐的事情，学习成绩一定不理想。

如果父母积极、乐观，即使面对消极事件，内心也充满阳光，在孩子面前表现出来的是坚强、乐观、努力的一面，带给孩子的是奋斗的动力，就会让孩子觉得，人不会总是运气不好，只要努力向着阳光奔跑，未来就是积极向上的。当孩子有了这样的认识后，才不会陷入坏情绪里不能自拔。

有意识培养孩子的情绪控制能力

有一项研究追踪了 300 名学生，从幼儿园开始对孩子进行跟踪调查，目的是探究孩子的有效自我控制、情绪与学业成就之间的关系，结果发现，学生愤怒、悲伤和害羞的情绪与学业成就呈负相关。

无论是孩子还是成人，都不可能每天顺心如意，人总会遇到困难，都会遭遇不顺心的事，这时，人会产生消极情绪，所以，人需要良好的情绪控制能力，而情绪控制能力是一点一点培养起来的。

1. 尊重的态度：父母要尊重孩子的愤怒情绪

我们一直说父母要尊重孩子，可是一到管孩子的时候，往往却不考虑孩子的感受，想怎么做就怎么做，以至于让孩子觉得父母对待他们不公平。

在挪威首都奥斯陆的"生命主题雕塑公园"里有一尊名为《愤怒的孩

子》的雕塑。"愤怒的孩子"双手紧握拳头、两肘外弓、双脚跺地、嘴巴大张、眉头紧皱，好像身体里有一种莫大的委屈要向外爆发。

当孩子愤怒的时候，父母要"识相点"，及时调整自己的做法和说辞，要把自己"隐藏"起来，给孩子一些自由。要知道，孩子正生气时，父母说什么都没用，更不会达到教育的目的，反倒使得孩子产生不愉快的体验，导致其更加不爱学习。

2. 不要太主观：剥夺孩子的自主意志，孩子容易发怒

孩子想做什么是孩子的自由，父母拥有的只是监护权，而不是决定权，所以，孩子的事情要由孩子自己做主。如果父母想更好地引导孩子的行为，首先得尊重孩子的意愿。

自主是每个有尊严的人的渴望，是孩子成为一个有尊严的人的需要，所以，当孩子的自主意志被剥夺后，他们会产生愤怒的情绪。《黄帝内经》中说："喜怒不节，则伤脏，脏伤则病起。"当人愤怒时，交感神经兴奋会增强，从而心率加快，血压升高，这样的状态下很难集中心思学习。所以，当孩子学习的时候，父母要尽量让孩子心情放松。

3. 父母能控制情绪，孩子也能学会

孩子生气了，父母怎么办？当然不能跟孩子对着生气。父母的做法会影响孩子，父母可以选择以下做法，孩子自然而然地就会模仿学习。

转移情境。不管为什么而产生愤怒的情绪，都可以选择离开当时的情

境，换个新环境。比如，可以走进自己的房间，去看看书、听听音乐，或者去厨房做饭，与朋友聊聊天。

理智控制愤怒。此时，如果自己十分生气，那么就强迫自己冷静下来。问问自己："生气有什么好处？能起什么作用？难道让问题恶化是自己想要的结局吗？"这样的自问，会帮助自己恢复理智，而不是跟孩子较劲。

换位思考法。如果自己的想法孩子不接受，说明孩子的想法和我们的不一致，可以暂时放下，换个角度从对方的立场想一想，就会觉得对方这么想是有道理的。这样，人会变得更加理智，既能坚持自己的观点，也不会因为对方的意见和自己不同而向对方妥协或者产生愤怒的情绪。

接纳法。孩子的情绪控制能力都不强，当他们遇上令人愤怒的事情时，最直接、最简单的办法就是把心中的愤怒发泄出来，而且是冲最亲近的人发泄。即使孩子对着父母大喊大叫、毁坏东西，父母也要控制自己的情绪，接纳孩子的情绪，事后再跟孩子讲这么做有什么不好。

自豪感能推动孩子学习，战胜学习困难

乔乔正在做一道关于工程的数学题，题目是这样的：甲、乙两个工程队要修一条1600米长的铁路，甲单独修需要50天完成，乙单独修需要30天完成，如果两个队一起施工，需要多少天才能完成？

乔乔很快就算出了结果。妈妈见了说："这类题目看起来并不难。"乔乔说："我一看题目就知道怎么做，做过太多了。"妈妈说："那我问你，如果把铁路延长一倍，需要多少天完成？""如果再增加一个丙队，三个队一起施工，10天能完成，那么，丙队单独做需要多少天能完成？"

这是题目的升级版啊！乔乔一边说一边很认真地思考，一会儿就把升级后的题目算了出来。他忍不住说，"这么做题才过瘾啊"！看着儿子头部微微扬起，一副无比满足的样子，妈妈知道，这个孩子因为算对更难的题目而产生了自豪感。

妈妈说："如果作业做完了，感觉不难，你可以想办法变变题目，变完题目再解答，不是比单纯做题更厉害吗？"乔乔点点头，觉得妈妈说得对。

做题并主动拓展题目，思考题目可能会有的变化，并把变化后的题目写出来、做出来，这个过程中的收获本身就多于简单的做题。这是一种主动出击，是一种更高级的学习，能够带给孩子更强烈的自豪感。

有一项心理学研究，研究人员让被试完成两项任务，第一项是独立任务，第二项是团体任务。完成第一项任务后，研究者私下告知其中几个被试（随机抽取），说他们表现得非常好。在接下来的团体任务中，那些相信自己在任务一中表现很好（且不管对还是错）的被试在团队活动中起到了突出的作用，他们在团队中也更受队员的喜爱。

当一个人不断在做事的过程中体验到成就感，对自己产生积极的评价时，就会产生自尊感；当一个人很少体验到成就感，就会对自己做出消极的评价。自我体验会将自我认识转化为信念，指导一个人的言行，自我体验还伴随自我评价，激励适当行为，抑制不适当行为。

由此可见，当孩子在学习过程中体验到自豪感后，就会对学习充满热情，觉得自己有能力完成得更好，更愿意接受具有一定难度的学习挑战。

那么，如何激发孩子让其产生自豪感呢？

1. 发挥知识的力量

孩子学过的知识是有用处的，当知识发挥作用的时候，孩子会因此而自豪。

父母可以给孩子创造运用知识的机会，比如，让孩子帮忙给弟弟或者妹妹讲故事或者讲作业题，孩子会在这个过程中因为成功地输出了知识而感到自豪。

家里老人年纪大了，关于一些商品的使用方法，关于出行路线、药物用法、乘车路线等事情可能搞不明白，这时可以让孩子帮助老人，孩子会因为帮助他人而产生成就感和自豪感。

2. 从细微处激发孩子的自豪感

无论孩子多大，无论在哪个班级学习，有可能是第一名，也可能不是，但当第一名的光环属于别人的时候，其他人也不会因此就失去了闪光的机会。

父母不要总是把成绩好的同学的名字挂在嘴边，说别人家孩子怎么好，而要善于发现自己孩子的每一分进步与努力，并给予肯定。当然，这需要父母对孩子的学习情况真正的了解，知道孩子对知识的掌握情况，比如擅长什么、不擅长什么、对什么感兴趣、对什么有畏难情绪等。

比如，当孩子很自觉地完成作业后，即使发现有错误，父母也要表达对孩子积极主动写作业的赞赏，让孩子为自己感到自豪。如果有错误，可以跟孩子说："要不要妈妈帮你检查检查？一点儿错误都没有，可就厉害了。即使有错误，咱们在家里就改正了，交到学校的就是正确的作业了！"这样，在家里把错误改正，到了学校作业被评为"优秀"，孩子也会有自豪感。

孩子成绩不理想，父母不要引发其负性情绪

即使孩子的成绩不理想，父母也不能把"差"字说出口，更不能把各种负性情绪发泄到孩子身上，也不要大声训斥，那样更达不到预期目的。

为什么这么说呢？因为父母的负性评价会导致孩子产生负性认知，从而引发更强烈的负性情绪。心理学上把那些不积极的情绪体验，以及容易引发身体不适感，甚至导致学习、工作、生活不能顺利进行，进而引发身心伤害的情绪，比如，焦虑、紧张、愤怒、沮丧、悲伤、痛苦等统称为负性情绪。

教育是一种正向的行为，要把孩子往正确的行为上引导，只有给他们的教育是充满正能量的，才能发挥教育的正面功效。

负性情绪一般是由负性事件引发的，当教育行为变成负性事件后，教育的效果也就变差了。

孩子A说："我最怕数学了，每次上数学课前心里都打鼓，听不懂题怎么办啊！每当听不懂的时候，我都不想去上课了！如果父母给我点儿力量，我会多一分学下去的勇气，可是，妈妈一看到试卷上的分数，就会大喊：'这么简单的题，你都不会做啊？'"

孩子B说："亲戚家的孩子学习成绩都很好，都是班里的前几名，就我成绩不好，我都不想上学了！考不好觉得好丢脸！父母一看到我的成绩就唉声叹气，我觉得对不住他们，每次考完试，我都很害怕。"

孩子C说："考试前特别想考好，让父母高兴，心里又害怕考不好，真是又担心又紧张啊！"

孩子D说："父母总说我成绩差，难道我不想学习好吗？可是，就算是差，父母也不能总是挂在嘴边啊。太伤自尊了，要是只上学不考试该多好啊！"

上面孩子口中的父母都在孩子的学习中引入了负性情绪。要知道，情绪具有感染力，当孩子被不良情绪感染后，很可能对学习产生消极认知。

一个被负性情绪缠绕的孩子，会失去对客观世界真实的判断。如果孩子把学习当成困难的事，觉得自己没有能力学好，他们就不会再努力学习。当孩子心情不好是由与学习相关的事情引发的时，就会慢慢对学习充满厌恶，就更难以积极主动学习。

所以，父母在指导孩子学习时，要懂得如何让孩子带着好心情学习，具体可以参考以下几点。

1. 提出美好的预期

很多孩子之所以没有取得良好的学习效果，就是因为对未来、对学习没有良好的预期，心中没有明确的学习目标，或者看低自己，觉得自己很差，导致学习动力不足，不愿意再继续努力，学习成绩自然不好。

心理学研究发现，他人的期望，尤其是父母和老师的期望，不仅能影响学生在学校的表现，而且影响他们的 IQ 值。所以，为了让孩子积极地完成学业，父母不要说孩子能力差、水平低、不够聪明。特别是对于小学低年级的孩子，父母的话语对他们的影响特别大。父母平时要多鼓励孩子，多肯定孩子的做法，可以提出容易实现的目标和预期，引导孩子朝着预期的方向发展。

2. 情况糟糕时，不要说负面的话

沟通是交流思想、倾吐心声、表达人与人之间爱和信任的最好方式。有时，当发现孩子情况糟糕时，家长就会觉得孩子真的能力不行，就会说一些负面的话。殊不知，孩子是不断成长变化的，孩子糟糕的表现，只是一时的情况，不能真正说明孩子的能力。

所以，当孩子成绩不理想的时候，不要说负面的话语，也不要吓唬孩子。如果孩子在学习过程中有害怕、不在乎、厌倦的情绪，就不可能对自己的学习、考试和未来发展有良好的预期。毕竟，有许多事情小学生理解不了，他们需要父母的帮助，此时，如果父母陪伴、指导和帮助孩子，会更利于孩子提升自信心。

培养孩子应对压力的能力

有位妈妈说,女儿好像对学习特别上心,生怕学得不好。她会担心老师上课如果让她回答问题,万一答错了怎么办;担心学了新知识后,仍不会做题;担心要考试了,明明复习得很好,该掌握的知识都掌握了,还是考不出好成绩。

每当看到别的孩子在小区里追着闹着玩耍,自己孩子却只能在家里学习时,妈妈心里就更不是滋味了。她多么希望女儿放下心里的压力,该玩就玩、该学就学呀!

学习需要具备一种积极的心态,把那些不懂的、系统的知识学会,并提高自身素质,提高生活品质。学习的过程就是一个逐渐体悟和掌握知识的过程,这是一个必然的进步过程,就像吃饭、睡觉一样自然,掌握了知识,内心就会有满足感,就会觉得学习很有意思。

如果孩子的状态不是这样,而是每天紧张兮兮,充满担忧和焦虑,则无益于学习。

那么，面对学习，父母怎么做才能让孩子不受压力所迫呢？

1. 培养乐观的心态

如果孩子性格乐观、开朗，那么，即使学习任务很重，他们也能够开开心心地学习，而不是愁眉苦脸，更不会因为压力而不敢面对。如果孩子流露出畏惧的情绪，妈妈可以鼓励和督促孩子去做。当孩子完成任务后，描述一下孩子努力的过程，告诉孩子不要害怕，只要努力去做就好了。

父母可以把身边人的做法讲述给孩子，让孩子感受乐观的人是怎么做的。比如，遇到困难不退缩、开开心心面对每件事，努力做好每件事，如果效果不理想就继续奋斗。让孩子从身边人乐观的精神中汲取能量，养成乐观的性格和心态。

2. 别把输赢看得太重

很多孩子感觉压力大，问题也许不是出在学习知识本身，而是因为考试名次或者别的同学分数比自己高，觉得自己没有比过别人，因此而觉得自己比别人差，于是心里就有了压力。事实上，分数没有别人高不代表自己就比别人差。当大人把这点对孩子讲清楚，孩子就不会再担忧了。

父母要从小在孩子心中树立一种观念，那就是，学习是为了掌握知识、丰富和完善自身，使自己成为一个能够在社会上生存的人。未来，每个人都会选择适合自己的生存方式，而这种选择是根据自己的喜好和能力进行的。即使要比，也是跟自己比，看看今天是不是比昨天进步了，再为明天设置一个目标，努力去实现。这样，孩子的着眼点就落在如何努力搞好学习上，而非输赢上了。

3. 养成运动的习惯

不管孩子多么热爱学习，都不能忽视运动对成长的重要意义。

美国佐治亚理工学院的研究人员指出：一个人经过1小时的运动后，体内会产生大麻素，但是运动产生的大麻素不会损害身体健康，反而可以降低人的压力，减轻疼痛，增加愉快的感觉，总之，运动有助于释放压力。

相关研究证明，走路是一种最为环保也最为廉价的运动形式，走路能够促进孩子身体健康，某种程度上提高孩子的学习能力。走路上学的孩子一旦进入教室，能很快就进入学习状态，而且在一天的学习中，思维会很敏捷。

4. 做一些让身体放松的事

人的身体一放松，精神就会放松。让身体放松的方式有很多，比如，听音乐、休息一会儿、听听笑话等。

听音乐可以放松神经，让孩子摆脱烦躁的情绪，产生良好的情绪反应，释放心理压力。家长可以引导孩子多听舒缓或欢快的古典音乐、民族乐曲等。

当孩子累了的时候，父母可以鼓励孩子小睡一会儿，暂且忘记眼下的难题和烦恼。大脑得到休息后，精神就会恢复。

　　苏东坡说："百年须笑三万六千场。"大量研究发现，人在笑的时候，大脑会发出指令，让身体分泌"快乐"的多巴胺。这种激素能使人得到充分的放松，使压力得到释放。

乐观是积极主动学习的风向标

有一位老师出了一道题目，让学生做。这是一道新题，是本节课即将要讲的内容，虽然这道题对同学们来说有一定的难度，但是老师期待同学们能认真思考、乐观对待。

面对眼前这块难啃的"骨头"，孩子们的表现各不相同。有的学生在认真地看，眼睛一眨不眨；有的拿着笔在纸上算，满脸自信；有的干脆玩起了橡皮；有的在看别的同学，大概想知道别人能不能做出来……终于，有个孩子举起了手，他说："老师，我想了好多方法，都解不出这道题。我刚刚翻开了书，我发现，等边三角形我们还没有讲呢！是不是等边三角形有两个角的度数是一样的呢？"

老师点点头，说："你说得很好！这就是这节课要讲的内容。老师之所以让你们提前做，就是想让大家明白，当我们遇到一道难题的时候，不管能不能解答出来，都要认真地去思考、解答，这才是乐观的学习者该有的态度。"

没有父母不希望孩子在学习上有乐观的态度，能保持积极的情绪。

心理学研究表明，乐观的心态跟下面这些因素相关：积极的情绪和良好的品德；坚定不移并且有效解决问题的能力；学术的、运动的、军事的、职业的和政治上的成功；个人声望；身体健康；等等。

小学阶段是孩子性格塑造的关键期，如果想培养他们乐观的心态，面对学习不悲观，需要注意以下两方面，而且要从小学阶段就开始特别关注。

1. 培养孩子的成就动机

成就动机指个体希望从事有意义的活动并希望在活动中获得满意结果的内在心理动力。成就动机高的个体在活动中能够完全投入并精益求精，在逆境中具有战胜困难的勇气和决心；成就动机低的孩子，往往不能确立恰当的目标，学习时漫不经心。他们对于失败的恐惧远远大于对成功的渴望，为了让孩子更勇于面对挑战，父母应注重培养孩子的成就动机。

2. 坚定不移且有效地解决问题

坚定不移的毅力只有在人们面对和克服困难的时候才能得到锤炼。

学习如同爬山，需要拼体力、拼毅力。在学习的过程中，每个孩子都会遇到不懂的知识点、不会做的题目，这是再自然不过的，这种时候，孩子可能会着急、烦躁，有的孩子干脆就向困难妥协。此时，不管孩子有什么样的情绪，父母都要稳住。从成长的角度讲，遇到困难并坚决地跨越困难，是积累人生经验、锻炼毅力的宝贵机会；从学习的角度讲，是促进孩子掌握新知识的绝好机会。

要想孩子有勇气攻克学习的堡垒，坚决解决困难，父母要当好孩子的引领者，以促进者的身份去思考，如何才能帮助孩子。孩子能够解决的问题越多，越能感受到自己的力量，今后会变得越乐观。

学会尊重，避免出口伤人

父母都希望孩子拥有良好的社交能力，在校园里能与老师、同学和谐相处。但是，有的孩子就是不受他人喜欢，不知道如何与他人相处。父母要从以下几点着手去引导孩子进行良性社交。

1. 不背后议论人

如果几个孩子在一起玩，其中一个孩子动不动就议论别人，今天说人家没洗脸，明天说人家弄坏了其他同学的文具，后天说哪个同学考试没及格，什么都议论。经常这样议论别人的事，很容易带来不好的影响，伤害朋友关系。

2. 要讲礼貌

如果孩子不注重礼貌，说话粗鲁、无礼，让人很不舒服，时间久了，别人对他只能敬而远之。

如果孩子不懂得尊重别人，自然也得不到别人的尊重。

有的孩子并不懂得说话会伤人。其实语言代表一个人的心声，为了让听者感受到被尊重，表达者要表达出对听者的尊重，把信息传达出去，达到良好的沟通效果。所以，父母要引导孩子讲礼貌，好好沟通，三思而后行。

3. 学会倾听

一个在沟通过程中能够倾听的孩子，可以照顾到他人的感受。父母要引导孩子养成倾听的习惯。在倾听中了解倾诉者的内心感受，体察对方的需要。特别是当对方情绪不好的时候，要能够站在对方的立场，说出对方的感受，这样会让倾诉者从内心感激倾听者，觉得自己被理解，从而促进关系的发展。

4. 不命令他人

心理学家认为，声音决定了对一个人 38% 的第一印象。与人通话时，这个人的音质、音调、语速的变化和表达能力可以决定这个人说话的可信度。父母应注重教导孩子，尤其是小学生，在与人沟通的时候，要保持口齿清晰、声调平稳，不要用挖苦、讽刺、命令等语气，因为那样无法表达爱和信任。

父母不但自己要做到不用命令的口气跟孩子说话，也要告诉孩子，不要命令小伙伴。命令会让对方觉得不舒服，产生反抗情绪，并不利于建立良好的关系。

5. 包容他人

和小朋友在一起玩时，要讲礼貌，使用文明用语。沟通时，要控制音量，不要影响周围的同学，更不要让对方觉得自己态度恶劣，同时，也要包容他人。在学校与家里不一样，磕碰是常有的事情，如果是小摩擦，就尽量一笑而过。

6. 学会与他人争论

当孩子与他人的观点发生分歧的时候，有时不可避免会产生争论，甚至会因此伤了和气。

父母告诉孩子，即使与他人观点不同，也要给对方表达个人看法的机会，不能武断地打断对方，不能强制对方听自己的，更不能动手打人。争论的过程中要讲道理，而且要保持良好的态度，在谁也说服不了谁的情况下，可以暂时把事情放一放，或者投票决定，尽量取得一致意见。

第 8 章

促成好行为，形成好品质，让学习更主动

爱因斯坦曾经说过："一个人智力上的成就在很大程度上取决于性格的伟大。这一点往往超出人们通常的认识。"父母应多关注孩子的行为表现，改变他们的不良行为，发挥孩子在学习上的主动性，这样不但能培养孩子的好性格，还能收获好成绩。

鼓励孩子独立面对交往中的负性事件

在学校，与同学发生矛盾是小学生人际交往中最为常见的问题。当孩子被同学侵犯或者欺负，感到束手无策的时候，只会找家长、找老师，这说明孩子的独立性不够强，此时，父母要多多关注并引导孩子进行正确的人际交往。

人际交往是小学生社会生活的重要组成部分，他们在交往的过程中习得与人相处的技能、技巧和社会规范。

比如，学会如何与人友好地相处、如何尊重他人、如何尊重并保护自己的权利不被侵犯、如何克制自己的行为。让小学生自己处理矛盾更利于他们获得与人相处的经验，这个过程不是一味地退让，也不是一言不合就挥舞拳头，而是有理有据地坚守底线。

如果孩子动不动就找老师、父母告状，会弱化自己解决社交问题的意识，不利于形成独自面对和处理问题的品质。

如果孩子的自我认知是积极、向上、有能力的，相信自己能够处理与同学之间的关系，那么孩子就能独立面对在校园里遇到的事情，而不是依靠老师、父母的帮助。

因此，要积极培养孩子的自我意识和独自解决问题的能力。

1. 让孩子独立面对，促进自我意识的发展

学校教育是为了培养高素质的能够适应社会的人，这就要求孩子不仅要学习科学文化知识，还要习得社会常识。学校作为孩子脱离父母后独立生活的场所，带给他们的除了文化知识，还有关于社会实践的认知，这些都是孩子成长所需要的。

父母要懂得孩子的成长需要，尊重他们的成长意愿，让孩子自主去体验，提高他们对未来的掌控能力。拥有自我意识的孩子，其自信、自尊，对世界的认识都很积极，也会勇敢地面对外界的挑战。

2. 看似没问题的孩子，更要重点关注

有的孩子虽不向老师告状，回到家里也不向父母讲述和同学之间发生的不愉快的事，但是，父母不要以为自己的孩子在校园里就一切顺利。

小学生身上天然的欲望还没有转化为能自我控制的理性行为，同在一个教室里，彼此发生矛盾是不可避免的，争执过程中一定会有一方压倒另一方、一方被另一方欺负的行为发生，此时，多数孩子会向父母反映或求助，但有的孩子却会保持沉默。

为了防止孩子不声不响地成为被欺负的对象，父母需要从侧面了解情况，看孩子是否遭遇了负性事件。

父母要注意观察孩子的情绪、行为、学习变化，看看他们是不是轻松快乐地去上学；要多和孩子的朋友接触，通过其他孩子侧面了解孩子在学校的情况；要给予孩子无条件的关爱，不要动不动就因为孩子成绩差而训斥孩子，即使成绩不好也不能影响对孩子爱的表达，要多和孩子沟通，了解孩子的所思所想。

100 支铅笔的诱惑源于哪里

小学生都很喜欢文具，当他们看到别的小朋友有好看的铅笔、尺子的时候，眼睛就会发光。回到家里，就会提出想买新的文具。妈妈会很惊讶，已经有那么多笔了，怎么还想买？难道别人有的，自己没有，看起来是新的、流行的款式就都要买吗？孩子不听，还是坚持要买，一副不买就很委屈的样子。

虽然笔是学习用具，但是多了也没用。如果孩子想要什么就买什么，父母丝毫不加限制，会助长孩子的攀比意识。物质上的攀比会弱化孩子在精神上的追求。

物质攀比是虚荣和嫉妒的温床。如果孩子习惯了攀比，就会变得虚荣、浮躁。虚荣和嫉妒是"孪生姐妹"，虚荣心强的人容易嫉妒，看不得别人好，也不能理智面对自身的不足，心里充满不公和愤怒，难以客观地看待自己并有效地提升自己。

1. 杜绝孩子进行物质上的攀比

当孩子与同学攀比的时候,妈妈可以态度坚定地对孩子说:"总有一些你有的东西,小朋友没有吧?如果他有什么,你就有什么,你俩不就成一个人了吗?而且,这些文具都是你自己挑选的啊!还有,买文具是为了使用,你还有几支笔能用,等用完了,再挑你喜欢的买。"

如果发现孩子用自己的零花钱买了,父母可以暂时取消他们的零花钱。父母规范孩子的行为,孩子就会懂得怎么做是对的,然后把心思从关注学习用品转移到学习上,从而明白文具是辅助学习的工具,上学是为了学知识,不是去和人攀比。

2. 培养孩子的节约意识

为了让孩子不攀比,父母要及时刹住孩子的攀比之风,教会他们节约。

父母是孩子行为最好的示范,父母花钱不大手大脚,把钱花在刀刃上,孩子也会懂得节约。不囤积物品,日常花费不透支,按计划消费……在这样的家庭氛围中,孩子花钱也会有节制,不会买不该买的东西。

3. 尊重孩子的需要

当下,很多父母出于省钱的考虑,喜欢一次性为孩子购买很多学习用品。当孩子要文具的时候,就直接把已经准备好的直接给孩子。殊不知,此时，孩子可能已经相中了同学正在用的某种文具，那才是他们想要买的。于是，分歧出现了。

出于对孩子的尊重，文具还是要让孩子自己做主，购买的时候，可以让孩子自己选择款式、颜色、品类等。这样，孩子能感受到被尊重，面对选择时，他们自己能负责。既然是自己选的，就要等用完了再买新的。当他们再想买文具，妈妈拒绝的时候，他们才更容易接受。这样做也更利于建立规则——文具要用完了再买新的。

避免懒惰：抓住培养勤奋品质的关键期

有位妈妈说自己的儿子特别懒，特别不愿意出力气。妈妈饭都做好了，不喊他，他肯定不来吃。来到餐桌前，张口就说："还没给我盛饭啊。"妈妈问他："你能不能快点啊？"他说："我懒得吃。"爸爸妈妈带他出去散步，他说："累着呢，不想出去。"晚上降温了，妈妈担心夜里冷，给他准备好了被子，可他愣是冻感冒了。妈妈问："不是给你准备被子了吗？"儿子说："可是，我还得起来才能盖上啊！"妈妈惊讶得差点没从椅子上摔下来。

妈妈想，小孩子懒点就懒点，以后就变勤快了，更何况孩子学习成绩还不错。可是，上了四年级以后，妈妈发现儿子的学习成绩呈现出下滑的趋势。细看孩子学习过的功课，有很多知识点掌握得不够扎实，明显是不求甚解。

老师布置了一篇作业，要求写一篇200字的阅读体会，儿子刚好读了《桥下一家人》，妈妈建议他就写这本书的读后感，他同意了。结果，他却找出以前的阅读笔记，稍微整理一下就交上去了。虽然老师不知道，但是被妈妈看出来了。

妈妈说:"你这是在逃避一份很有意义的作业,这是一次很难得的关于写作和阅读理解的练习。你读过了,可以再读一遍,然后写出自己的感受不就可以了吗?而且,你当下的感受跟以前的感受不会完全一样,甚至可能完全不同。你完全可以写出代表你当下思考水平的文章啊!"

儿子听了点了点头。

妈妈继续说:"学习和其他的事情一样最怕懒惰,懒惰只会使人变笨,勤快才能让人变聪明。因为勤奋的人不断地练习、不断地思考,促进了大脑的发育,做事的效率会获得提升,在外人看来,这就是聪明。"

妈妈知道,一次的启发不一定能让孩子变得勤奋,但是她不气馁,她愿意不断努力,用有效的方法,督促孩子变得更加勤奋。

父母都不希望孩子是一个懒惰的人,因为懒惰是一种恶习,懒惰会让本来可以做成的事情无法完成,甚至让人们与成功失之交臂。

1. 有理想、有目标

理想是照亮人生的灯塔。凡是在学习上有所成就的孩子,都懂得勤奋的意义。北京大学经济学院湖北省2001年文科状元说:"没有理想,人就会失去动力,就无法战胜自己的惰性;而无法战胜自己的惰性,便很难把握时间、把握生活,很难有直面困难与挫折的勇气。"一个人要想变得更好,实现人生目标,就要不断努力,珍惜和利用每一寸光阴,勤奋向上。

小学阶段,特别是低年级的孩子,即使理想有点遥远,且经常变化,也能促使孩子努力向上。父母可以抓住孩子表达理想的时机,告诉孩子,想实现理想首先要勤奋努力，当孩子感受到努力带来的满足感后，就会从心里认可勤奋的意义。

2. 培养勤奋的品质，是小学阶段的主要任务

根据埃里克森的心理社会发展理论，小学阶段正处于获得勤奋感、避免自卑感的阶段，应当鼓励孩子努力去获得成功，让孩子去做他们能做和应该做的事，这样他们才能在积极的结果中获取自信。当他们在学习上或者生活中碰到挑战时，就能够积极努力去做，获取成功后会非常满足。

如果我们不能在小学阶段培养孩子勤奋的品质，那么以后孩子可能会比较懒惰，在学习上懒得动脑、在生活上懒得做事、与同学交往也不积极主动，所以体验不到勤奋做事的快乐和满足感。慢慢地，习惯了舒适区，便习惯了不出力、不动脑、不争取，最后，也许就成了一个没有追求的安于现状的人。

3. 要舍得放手让孩子做事

小学生能做的事情有很多。在家里，可以整理自己的生活用品、学习用品，独自或者和父母一起做一些家务；在校园里，可以配合老师做一些教务工作、管理好自己的文具、参加学校劳动等。

很多父母认为，家里哪有那么多事情让孩子做，大人稍微多做一点儿就能完成了，而且，孩子功课那么紧张，哪有时间做家务呢？父母之所以这么认为，也许是没有考虑到，孩子的自我管理能力和学习功课一样重要。

如果孩子在家里什么家务都不做，慢慢地就不会做事，眼里就没有了事。

为了让孩子多做事，变得更勤快，就需要父母在孩子能做事、学做事的年龄段多放手让孩子去做，不怕事情小，即使是洗一双小袜子或一块小手帕；或摆放碗筷、炒鸡蛋、给老人端水等小事，都能让孩子体验到做事和付出的快乐，体验到勤于动手的满足感，感受到自己的价值。

拥有共同进步的心态，不会被边缘化

薇薇长得非常漂亮，大大的眼睛，微微上翘的嘴唇，长相特别洋气。她从上学起就是三好学生、优秀干部，是班长和学校里的大队长。上学对薇薇来说是一件快乐的事情。可是，薇薇最近有些闷闷不乐，学习兴趣也不高，写作业的时候出现好多错误，妈妈觉得女儿可能是有什么心事。

"薇薇，看看你的卷子，错了这么多！"妈妈坐到女儿身边试探着问。

薇薇不说话。

妈妈说："你是不是有点儿难过啊？"

薇薇点点头。

妈妈说："偶尔考砸也没关系，关键是要找到原因，把做错的搞明白。"

薇薇说："对不起，妈妈，让您担心了。妈妈，同学之间真的好难相处啊！有一次，一位同学向我请教一道题，我当时也拿不准，而且正着急写作业，顺口回应了一句'我也不大明白'。后来，考试的时候有这道题，全班只有我做对了，老师表扬了我。那位同学就以为是我不帮他，我当时的确不是很明白，就是考试的时候发挥得好。"

讲这件事的时候，薇薇委屈得眼泪都流了出来。她说："妈妈，他怎么可以这样误解我呢？"妈妈说："你已经跟他解释过了，表达了你当时的想法，剩下的就随他去吧，他会理解的。不过，现在要放下这件事情了，该做什么就做什么。就算他不理解，又有什么关系呢？"

薇薇点点头，说："妈妈，我知道了，现在只能这样了。"

很多父母觉得，孩子上学后在学校的任务就是学习。其实，校园生活远不是只有学习这么简单，还有适应新环境，处理好师生和同学关系就是其中的重要内容。孩子处理好了这些问题，在集体中就会过得很快乐，否则就可能成为边缘人。

校园生活具有群体性，孩子们在校园里的表现对他们的学业或者未来发展都会产生重要影响。有研究显示，那些与老师关系良好的小学生，在高中时会表现更好，上大学的可能性也会多一些。英国心理学家谢弗指出，没有朋友的儿童可能有情感问题或缺少利他性、有社会技能缺陷、学校适应性较差等。

入学以后，父母除了要引导孩子好好学习外，还要教会他们如何友好地与同学相处、建立良好的友谊。在这个过程中，也要注重提升孩子的自身素质，毕竟品德良好的孩子才更受同学欢迎。现实中，那些以礼待人、助人为乐、心胸宽广的孩子朋友也会更多。

1. 一起学习，促进友谊发展

在校园生活中，学习是核心，孩子们在校园里的很多活动都是以学习为核心展开的，同学之间发展友谊，同样离不开学习。同学朋友之间，如果在学习上不能互相帮助、互相信任，那么，友谊必然不牢固。

友谊是两个个体之间形成的一种相互作用的、较为持久、稳定的双向关系，而非简单的喜爱或依恋的关系。友谊以信任为基础，以亲密性支持为情感特征。所以，如果没有信任，没有相互支持，友谊就难以建立并持久。

如何获得朋友的支持和信任，是孩子在成长过程中要学习的。对此，刚开始时，孩子会迷茫，会不知所措，父母应引导他们言而有信、诚信待人、尊重朋友、珍惜友谊。懂得了如何对待朋友，未来就能建立起以共同的兴趣、爱好为前提的真正的友谊，朋友之间做到相互理解了，在价值观和行为准则方面也能够相互影响。

2. 让孩子拥有共同进步的心态

在班级里，尤其有比赛时，同班同学之间难免会有一定的竞争，这时，应教会孩子养成共同进步的心态，友爱地对待竞争者。因为，"有你没我"的竞争心态并不利于孩子的创造性发展。

父母要引导孩子，把同学当成朋友，虽然有竞争，但更多的是一路同行的"战友"和伙伴，应该与同学们互相帮助、共同进步，让彼此都能成为更好的人。

3. 不急于成为主导者

即使是在一个小小的班级，也会有各种因为兴趣爱好或者性格特点相同而自发组成的小团队,这样的团队能够增强孩子的归属感。

父母一定要告诉孩子,想加入某个小团队时,不要强硬地加入,否则很容易被排斥;或者如果加入了某个团队,也不要急于反对其他人的看法,急于成为主导者,这样容易招致他人的反感,不利于团结。

参考文献

[1] 彭聃龄. 普通心理学 [M]. 北京：北京师范大学出版社，2019.

[2] 安妮塔·伍尔福克. 教育心理学 [M]. 伍新春，等，译，北京：机械工业出版社，2018.

[3] 施塔，卡拉特. 情绪心理学 [M]. 周仁来，等，译，北京：中国轻工业出版社，2016.

[4] 戴维·迈尔斯. 社会心理学 [M]. 侯玉波，乐国安，张智勇，等，译，北京：人民邮电出版社，2006.

[5] 皮连生. 学与教的心理学 [M]. 上海：华东师范大学出版社，2009.

[6] 陈琦，刘儒德. 当代教育心理学 [M]. 北京：北京师范大学出版社，2007.

[7] 伯格. 人格心理学 [M]. 陈会昌，等，译，北京：中国轻工业出版社，2012.

[8] 王伟. 人格心理学 [M]. 北京：人民卫生出版社，2013.

[9] 刘儒德. 学习心理学 [M]. 北京：高等教育出版社，2010.

[10] 玛丽亚·M·哈迪曼. 脑科学与课堂：以脑为导向的教学模式[M]. 杨志，王培培，等，译，上海：华东师范大学出版社，2018.

[11] 刘翔平，学校心理学[M]. 北京：中国轻工业出版社，2012.

[12] 王晓芳，刘潇楠，赵鑫，周仁来. 小学数学学习障碍儿童刷新能力的发展性研究[J]. 北京：中国特殊教育（2）：47-51，2011.

[13] 徐亚晖. 不同类型发展性学习障碍儿童内隐工作记忆研究[D]. 开封：河南大学，2015.